Verena Glanos

Wie wird man Chef*in* von Deutschland?

Mit  durch die
Bundestagswahl

Boje

Inhaltsverzeichnis

Wie wird man Chef*in* von Deutschland?

Mit  durch die
Bundestagswahl

Bildnachweise:
© dpa, picture alliance: S. 12o, S. 12u, S. 15, S. 16, S. 19, S. 29, S. 30/31,
S. 33, S. 39, S. 40/41, S. 45, S. 51, S. 52, S. 53, S. 58, S. 59, S. 60/61,
S. 62, S. 63o, S. 63u, S. 79, S. 84/85, S. 90, S. 92, S. 93, S. 98, S. 99,
S. 106, S. 109, S. 114, S. 124, S. 130/131, S. 137, S. 140, S. 142
© Imago/Manja Elsässer: S. 27, © Imago/Joachim Sielski: S. 66
© shutterstock/fayska: S. 56, © Katja Dörner: S. 46
© OOA Fonden – smilingsun.org: „Atomkraft? Nein danke" - Logo: S. 32
© Panthermedia: Titebild

Originalausgabe

Copyright © 2013 by Bastei Lübbe GmbH & Co. KG, Köln

Lizenz durch: ZDF Enterprises GmbH © ZDF, Mainz 2013

Umschlaggestaltung, Layout und Satz: Götz Rohloff – Die Buchmacher, Köln
Gesetzt aus der ZDFnewsScreen und der Swiss

Druck und Einband: Appel & Klinger, Schneckenlohe
Alle Teile dieses Produkts bestehen aus FSC zertifiziertem Material.

Printed in Germany
ISBN 978-3-414-82371-7

5   4   3   2   1

Sie finden uns im Internet unter: www.boje-verlag.de

INFORMATION

PFF

Kapitel 4

2 Jahre vor der nächsten Bundestagswahl

Kapitel 5

1 Jahr und 6 Monate vor der nächsten Bundestagswahl

Kapitel 6

14 Monate vor der nächsten Bundestagswahl

Kapitel 7

12 Monate vor der nächsten Bundestagswahl

Kapitel 12

Nach der Wahl

Wie wird man Chef*in* von Deutschland?

Gute Frage, was? Aber mal ehrlich: Die meisten von euch fragen sich bestimmt erst mal: „Wer soll denn das überhaupt sein, der Chef oder die Chefin von Deutschland?"

Das ist gar keine doofe Frage. Einen richtigen Chef, wie einen König oder Kaiser, hat Deutschland schließlich nicht. Denn Deutschland ist eine Demokratie. Das heißt, das Volk hat die Macht und soll selbst bestimmen dürfen.

Und trotzdem braucht auch eine Demokratie Leute, die ein bisschen mehr als alle anderen bestimmen und so Verantwortung für die anderen mit übernehmen. Solche Bestimmer sind die Politiker. Sie stellen in unserem Namen Regeln auf, an die sich alle halten sollen, damit wir friedlich zusammenleben können. (Diese Regeln nennt man Gesetze, aber dazu erzählen wir euch später mehr.)

Die Politiker wiederum haben auch jemanden, der ein bisschen mehr zu bestimmen hat und mehr Verantwortung übernimmt als sie, und das ist der Bundeskanzler oder die Bundeskanzlerin. (Wir sagen ab jetzt immer „der Bundeskanzler" oder auch „der Minister", meinen aber immer beides: Männer und Frauen.)

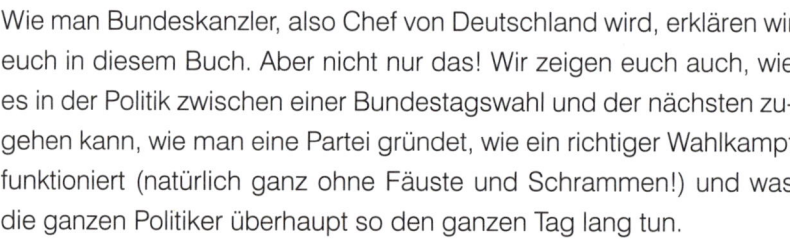

Wie man Bundeskanzler, also Chef von Deutschland wird, erklären wir euch in diesem Buch. Aber nicht nur das! Wir zeigen euch auch, wie es in der Politik zwischen einer Bundestagswahl und der nächsten zugehen kann, wie man eine Partei gründet, wie ein richtiger Wahlkampf funktioniert (natürlich ganz ohne Fäuste und Schrammen!) und was die ganzen Politiker überhaupt so den ganzen Tag lang tun.

„Gähn", denkt ihr euch jetzt vielleicht. „Viel zu kompliziert, und außerdem haben wir Kinder mit Politik eh nix zu tun, weil wir noch nicht wählen dürfen." Ihr habt recht, es ist manchmal wirklich ein bisschen kompliziert. Aber darum erklären wir es euch ja! Und zwar so, wie ihr es von logo! kennt: So einfach wie möglich und garantiert nicht langweilig.

Dafür haben wir uns für euch eine Partei ausgedacht: die „Partei für Familien", oder kurz und knackig „PFF". Ihr dürft gespannt sein, was die Parteigründer Herr Hinz und Frau Kunz so alles erleben in den vier Jahren, die zwischen zwei Bundestagswahlen liegen!

Und übrigens: Kinder haben nichts mit Politik zu tun? Pustekuchen! Es stimmt zwar, dass ihr noch nicht zu einer echten Bundestagswahl dürft. Aber Politik ist überall um euch rum! Ob bei euch im Ort ein Skatepark oder eine neue Ampelanlage gebaut wird, entscheiden Politiker. Und viele Gesetze, die Politiker sich ausdenken, gehen euch auch etwas an – dass Kinderlärm zum Beispiel erlaubter Lärm und nicht verboten ist, haben Politiker mit einem Gesetz bestimmt. Und wenn ihr euren Klassensprecher wählt, dann läuft das wahrscheinlich so: Jeder hat eine Stimme, die Wahl ist geheim und ihr dürft frei bestimmen, wen ihr wählt. Ganz genauso funktioniert eine echte, demokratische Wahl! Ihr seht also: Ihr steckt mittendrin in der Politik. Einfach so. Und damit ihr genauer versteht, was es mit der Politik und den Bundestagswahlen bei uns in Deutschland auf sich hat, könnt ihr jetzt einfach loslesen! Und wenn euch das nicht langt: Unter **www.logo.de** findet ihr noch viele, viele weitere spannende Infos rund um Politik und Nachrichten.

Das ganze logo!-Team wünscht euch viel Spaß beim Lesen!

Was hat es mit dem Wählen auf sich?

Herr Hinz und Frau Kunz sind enttäuscht: Bei der letzten Bundestagswahl sind mal wieder Parteien in der Regierung gelandet, mit deren
Ideen sie gar nichts anfangen können. Da hätten sie am Wahltag auch
zu Hause bleiben können, findet Herr Hinz. Er schimpft: „Wozu gibt es
in Deutschland überhaupt Wahlen? Das nervt doch nur und ist auch
noch kompliziert!"
Frau Kunz beruhigt ihn: „Die Auswahl zwischen vielen unterschiedlichen Parteien zu haben ist doch eine gute Sache! Schließlich darf
längst nicht überall das Volk mitbestimmen, wer ein Land regiert." Und
damit hat Frau Kunz recht …

Welche Regierungsformen gibt es?

Es gibt viele Arten von Regierungen. Dabei geht es immer um die Frage, wer in einem Land bestimmen darf. Wer also die Regeln macht, an die sich dann alle halten müssen. Die drei häufigsten Regierungsformen sind die Demokratie, die Monarchie und die Diktatur.

In einer Diktatur hat ein Einzelner das Sagen. Die Bürger dürfen nicht mitentscheiden, sondern müssen machen, was dieser Diktator bestimmt.

Bei uns in Deutschland herrschten zum Beispiel einige Zeit lang die Nationalsozialisten unter dem Diktator Adolf Hitler. Niemand durfte damals eine andere Meinung haben als er. Er machte Gesetze, die sehr ungerecht waren. Und er ließ sehr viele Menschen umbringen – weil sie es gewagt hatten, etwas gegen ihn zu sagen, oder auch bloß, weil er etwas gegen bestimmte Gruppen hatte, wie die Juden, Sinti und

Diktatur · Monarchie · Demokratie

Die Nationalsozialisten waren von 1933 bis 1945 in Deutschland an der Macht.

Roma oder Menschen mit Behinderungen. Diese Menschen ließ er zu „Volksfeinden" abstempeln. Diktaturen gibt es auch heute noch, einige wurden gerade gestürzt: Im „Arabischen Frühling", der Ende 2010 begann, haben sich unter anderem die Menschen aus Tunesien und Libyen mit einem mutigen Aufstand von ihren Herrschern befreit. Diese Länder versuchen jetzt mit neuen, demokratisch gewählten Regierungen einen Neuanfang.

Schauen wir uns die Monarchie an. Da bestimmt ein einzelner König oder eine Königin. König ist meistens der, dessen Vater oder Mutter es auch schon war. König wird also nicht der Gerechteste oder Klügste,

Königin Elisabeth von England

12

sondern der, der in die richtige Familie geboren wurde. Das heißt, mit seinem König kann das Volk Glück haben oder auch nicht.

Diese Regierungsform gab es vor allem früher sehr oft. Heute gibt es in vielen Ländern zwar immer noch Könige, aber diese Könige bestimmen meist nicht mehr allein, sondern zusammen mit einer gewählten Regierung. In Großbritannien ist das zum Beispiel so: Die „Queen" (das ist englisch für Königin) ist zwar das Staatsoberhaupt, die politischen Entscheidungen trifft heutzutage aber das Parlament.

In einer Demokratie bestimmen viele: Das ganze Volk darf mitentscheiden, was in seinem Land geschieht. Die Idee dazu hatten vor über 2500 Jahren die alten Griechen. Viele von ihnen fanden es nicht in Ordnung, dass immer nur einer die ganze Macht hatte. Darum jagten sie ihren Herrscher fort und wählten von da an Stellvertreter, die in ihrem Auftrag regieren sollten.

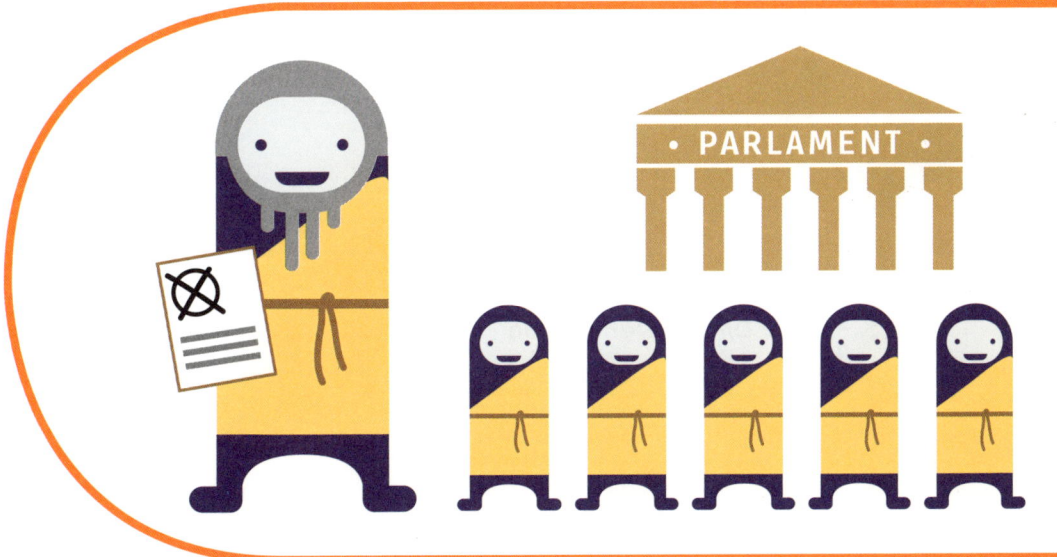

Weil diese Stellvertreter immer nach einem Jahr neu gewählt wurden, mussten sie aufpassen, dass sie auch wirklich das taten, was das Volk wollte, denn sonst wurden sie nicht wiedergewählt. So richtig gerecht war das Ganze damals jedoch noch nicht, denn Frauen, Sklaven und Ausländer durften nicht mitwählen. Aber es war immerhin ein Anfang.

Heute dürfen bei uns alle wählen, die deutsche Staatsbürger und mindestens 18 Jahre alt sind. Egal, welches Geschlecht, welche Religion und welche Ausbildung sie haben.

„Demokratie" setzt sich aus den griechischen Wörtern „demos" (= Volk) und „kratía" (= Herrschaft) zusammen und bedeutet: Volksherrschaft.

Wie funktioniert Demokratie?

Es gibt verschiedene Arten von Demokratie, also mehrere Möglichkeiten, wie das Volk Macht ausüben kann. Zum Beispiel:

Die Direkte Demokratie

Solange die Gruppe, die selbst bestimmen will, eher klein ist und es eine eindeutige Frage mit wenigen eindeutigen Antwortmöglichkeiten gibt, funktioniert Demokratie ganz einfach: Alle versammeln sich an einem Ort, und jeder hebt die Hand für die Antwort, die ihm am liebsten ist. Genauso habt ihr das in der Schule bestimmt auch schon oft gemacht, zum Beispiel im Sportunterricht: „Wer möchte Fußball spielen? Wer lieber Handball?" Indem ihr auf diese Weise abgestimmt habt, habt ihr Direkte Demokratie ausgeübt.

Direkte Demokratie als Regierungsform gibt es nirgends auf der Welt außer in zwei Schweizer Kantonen. (Kantone sind so was Ähnliches wie Bundesländer, nur kleiner.) Und das hat einen einfachen Grund: Diese Form der Demokratie ist nämlich ganz schön unpraktisch. Viel häufiger gibt es darum ...

In zwei Kantonen in der Schweiz wird heute noch die Direkte Demokratie ausgeübt. Man versammelt sich an einem Ort und stimmt gemeinsam ab. Das gibt's sonst nirgendwo auf der Welt.

... die Repräsentative Demokratie

Wieso? Ganz einfach: In Deutschland zum Beispiel leben etwa 82 Millionen Menschen. Die alle auf einem Platz zu versammeln wäre erstens gar nicht möglich, und zweitens könnte man die ganzen Hände überhaupt nicht mehr zählen. Außerdem gibt es bei so vielen unterschiedlichen Menschen unheimlich viele verschiedene Themen, über die entschieden werden muss. Da kann gar nicht jeder über jedes Thema abstimmen – sonst wären wir den ganzen Tag nur mit Abstimmen beschäftigt!

In einer Demokratie wählen die Bürger Politiker, die für sie Entscheidungen treffen sollen. Dafür werfen sie Wahlzettel in eine verschlossene Kiste. So eine Wahl ist geheim!

Darum haben wir in Deutschland (und vielen anderen demokratischen Ländern) einen Trick: Wir wählen eine kleine Gruppe von Leuten, die in unserem Namen über verschiedenste Themen abstimmt. Das sind die gewählten Politiker. Die informieren sich erst mal genau über das Thema, diskutieren dann miteinander und treffen für uns die Entscheidungen. Weil sie das in unserem Auftrag machen, uns also „repräsentieren", nennt man das eine „repräsentative Demokratie". Und weil die Politiker das an einem Ort namens Parlament tun, heißt diese Art der Demokratie auch „parlamentarische Demokratie".

„Parlament" kommt aus dem Französischen und bedeutet „Unterredung" oder „Gespräch".

Und wenn die Politiker einfach nur machen würden, was sie selber wollen, und nicht, was das Volk will? Dann wird das Volk sie ganz bestimmt nicht mehr wiederwählen! Das ist ja das Praktische an der Demokratie: Selbst wenn sich das Volk sozusagen mal „verwählt" hat – nach ungefähr vier Jahren heißt es: „neue Wahl, neues Glück", und man kann neu darüber abstimmen, wer das Land regieren soll. Bei uns in Deutschland steht sogar im wichtigsten Gesetzbuch, dem Grundgesetz, dass die Demokratie nie wieder abgeschafft werden darf.

Melina, 12: Warum haben wir keinen König oder Kaiser?

Heute ist Deutschland zwar eine Demokratie, aber früher hatte Deutschland mal einen Kaiser. Der letzte deutsche Kaiser war Wilhelm der Zweite. Er wollte Deutschland immer größer und wichtiger machen und hat sein Land dafür im Jahr 1914 sogar in einen großen Krieg geführt. Weil an diesem Krieg sehr viele Länder beteiligt waren, wird er auch als „Erster Weltkrieg" bezeichnet. Damals starben viele Menschen, und schließlich, im Jahr 1918, verlor Deutschland den Krieg. Die Deutschen waren sehr traurig und wütend auf ihren Kaiser. Sie vertrauten ihm nicht mehr. Also protestierten sie gegen ihn und setzten ihn ab. Danach wählten die Deutschen zum ersten Mal eine Regierung – und das machen wir auch heute noch so. Kaiser oder Könige gibt es seitdem in Deutschland nicht mehr.

Woher sollen Politiker wissen, was die Wähler wollen?

Die Politiker sind also die Vertreter des Volkes, „Volksvertreter" eben. Sie sollen für uns überlegen, was die Menschen in Deutschland brauchen und welche Regeln man aufstellen muss, damit es den Leuten und dem Land gut geht. Das ist nämlich einer der Hauptjobs von Politikern: Sie müssen Regeln, also Gesetze machen – egal, ob es dabei um Schule, Sicherheit, Steuern oder die Umwelt geht. Diese Gesetze sollen dafür sorgen, dass es möglichst gerecht zugeht und alle in Deutschland gut miteinander auskommen.

Und auf noch eine Weise wissen die Politiker im Bundestag Bescheid, wie es den Menschen in ganz Deutschland geht: Die Hälfte der Bundestagsabgeordneten ist nämlich aus sogenannten „Wahlkreisen", also gleichmäßig in Deutschland verteilten Gebieten, direkt von den Leuten dort gewählt worden (genauer erklären wir das in Kapitel 11). Diese Abgeordneten haben in ihren Wahlkreisen Büros, zu denen sie regelmäßig für Bürgersprechstunden reisen. Auch bei euch in der Nähe hat also ein Bundestagsabgeordneter ein solches Büro!

Allerdings: Deutschland ist ein ganz schön großes Land. Und all die Millionen Menschen leben in den unterschiedlichsten Gegenden: Manche wohnen an der Küste, manche in den Bergen, manche an der Grenze zu einem anderen Land. Deshalb haben sich schon vor der Gründung der Bundesrepublik Deutschland vor vielen Jahren die Politiker überlegt: Wäre es nicht ungerecht, wenn nur eine einzige Regierung von einer einzigen Stadt aus über so viele Menschen bestimmt und für alle die Gesetze macht? Schließlich kann eine einzelne Regierung gar nicht so genau wissen, was die Menschen in den verschiedenen Gegenden von Deutschland brauchen könnten. Und in einer Demokratie geht es darum, dass alle gleich viel mitreden und mitbestimmen dürfen. Deshalb haben die Politiker damals entschieden, dass es für jedes Bundesland zusätzlich eine extra Regierung geben soll. Herausgekommen sind die Landesregierungen.

REGIERUNG

Was passiert in den Landesregierungen?

Jedes deutsche Bundesland hat einen eigenen Landtag, es gibt also ein eigenes kleines Parlament in jeder Landeshauptstadt. Weil es 16 Bundesländer sind, haben wir 16 Landtage. Bei den Landtagswahlen dürfen nur die Bewohner des entsprechenden Bundeslandes abstimmen. Sie wählen (wie bei der großen Bundestagswahl auch) Politiker

Eine Landesregierung macht Gesetze, die für die Menschen vor Ort besonders wichtig sind. Am Meer sind das zum Beispiel Gesetze zum Küstenschutz.

als ihre Vertreter. Weil diese Politiker aber alle in demselben Bundesland zu Hause sind wie ihre Wähler, wissen sie auch am besten, was den Menschen dort wichtig ist. Sie können sich daher auch besser vorstellen, welche Gesetze die Menschen in ihrer Region brauchen: In Mecklenburg-Vorpommern an der Ostsee sind zum Beispiel Gesetze für den Fischfang wichtig. Solche Gesetze braucht man in einer Gegend ganz ohne Meer natürlich nicht. Dafür brauchen vielleicht Leute, die in den Bergen wohnen, Regeln zu den Kühen auf der Alm! So bekommt jedes Bundesland genau die Gesetze, die für die Menschen dort wichtig sind.

Die Unterteilung Deutschlands in mehrere Bundesländer, die in verschiedenen Bereichen für sich alleine bestimmen können, nennt man auch „Föderalismus".

Die gewählten Landespolitiker wählen auch den Landeschef, den Ministerpräsidenten des Bundeslandes. Und einige von ihnen können auch bei Entscheidungen des Bundestags mitreden. Das passiert im Bundesrat. Dazu erfahrt ihr mehr in Kapitel 5.
Die Bundesregierung bestimmt also über die Dinge, die ganz Deutschland angehen. Die Landesregierung bestimmt vor allem über das, was nur für das entsprechende Bundesland wichtig ist. Welche Themen Ländersache sind und über welche der Bundestag entscheidet, ist genau festgelegt.

Bund und Land – Wer blickt da noch durch?

Manchmal kann man richtig durcheinanderkommen mit „Bund" und „Land". Wir wohnen im *Land* Deutschland. Da regiert die *Bundes*regierung. Und wir wohnen zum Beispiel auch im *Bundes*land Rheinland-Pfalz oder Nordrhein-Westfalen. Da regiert die *Landes*regierung. Wenn es in den Nachrichten also um *Landes*politik geht, geht es um die Politik der *Bundes*länder und nicht um die Politik des Landes

Deutschland. Und *Bundes*politik? Ihr ahnt es wahrscheinlich schon: Dabei geht es eben nicht um die Bundesländer, sondern um die Politik für ganz Deutschland. Puh, wirklich ganz schön verwirrend …

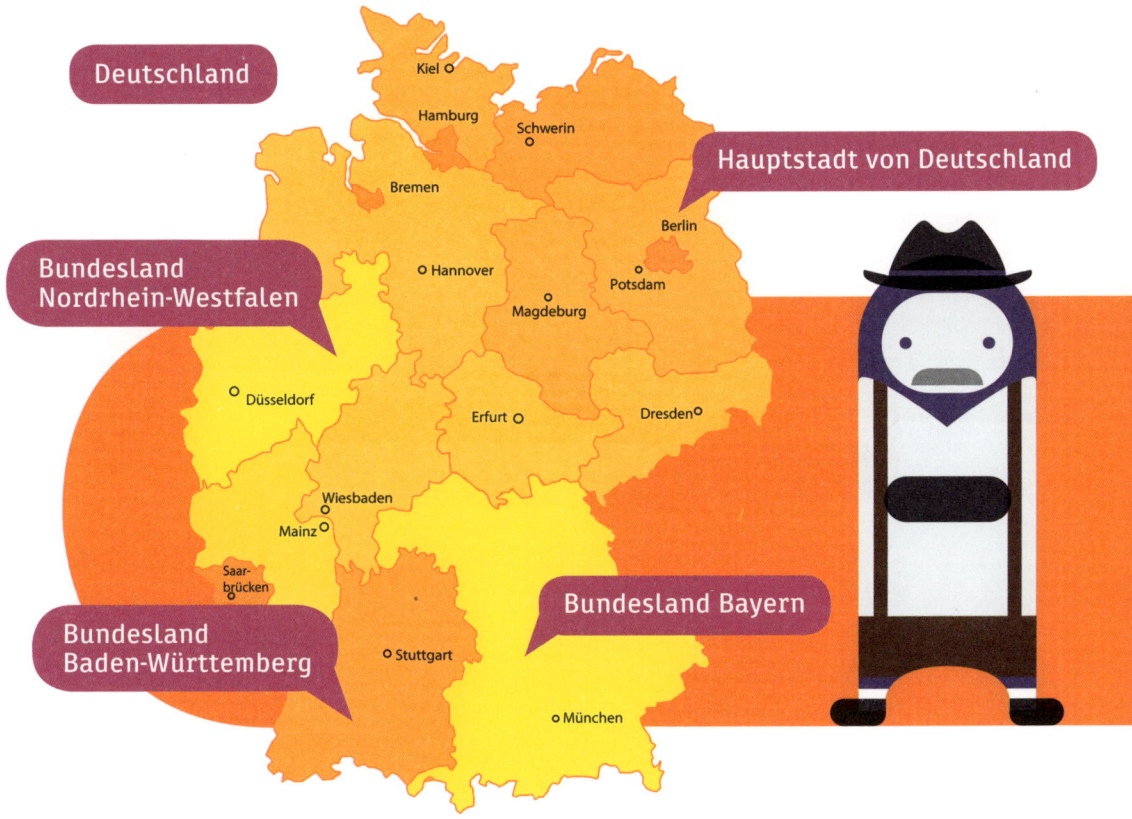

Deutschland

Kiel
Hamburg
Schwerin

Hauptstadt von Deutschland

Bremen

Berlin

Bundesland Nordrhein-Westfalen

Hannover
Potsdam
Magdeburg

Düsseldorf

Erfurt
Dresden

Wiesbaden
Mainz

Saar-
brücken

Bundesland Bayern

Bundesland Baden-Württemberg

Stuttgart

München

Es geht noch kleiner! Wer entscheidet vor eurer Haustür?

Und wer kümmert sich darum, dass die Hauptstraße bei euch im Ort endlich eine neue Ampel bekommt? Wer entscheidet, ob um die Ecke ein neues Jugendzentrum oder ein Seniorencafé gebaut wird? Sicher nicht die Politiker aus dem Landtag. Die Probleme einzelner Orte sind eine Nummer zu klein für sie. Würden sie sich auch noch damit beschäftigen, hätten sie den ganzen Tag nur mit den Wünschen der Orte zu tun und könnten sich nicht mehr um die Probleme des ganzen Bundeslandes kümmern.

Darum ist jedes Bundesland in noch kleinere Einheiten eingeteilt: in Bezirke, Kreise und Gemeinden. Und auch dort gibt es Probleme, die nur für die Leute, die genau dort wohnen, interessant sind. Deshalb gibt es dort kleine Mini-Parlamente, die sich um solche Sachen kümmern: den Bezirksrat, den Kreisrat oder den Gemeinderat. Die meisten Leute, die in diesen Mini-Parlamenten Politik machen, tun das in ihrer Freizeit. Sie bekommen also kein Geld für ihre Arbeit wie die Politiker der Landesparlamente oder des Bundestags, sondern haben eigentlich einen ganz normalen Job wie Bäcker oder Zahnarzt.

Wahlen in Landkreisen oder Gemeinden nennt man „Kommunalwahlen". (Kommune ist ein anderes Wort für „Gemeinde".)

Gibt es bei einer Demokratie auch Nachteile?

Bisher zumindest scheint die Demokratie die fairste Idee zu sein, wie ein Volk regiert werden kann: Es entscheidet nicht einfach einer, was für alle das Beste ist, sondern jeder Einzelne (zumindest jeder Erwachsene) kann selbst ein bisschen mitbestimmen, indem er wählen geht. So wird niemand übergangen. Und weil die Politiker bei der nächsten Wahl wiedergewählt werden wollen, müssen sie auf das hören, was die Bürger zu sagen haben.

Das ist allerdings auch ein kleiner Haken an der Demokratie: Denn wo viele Menschen mitentscheiden können, muss erst mal viel diskutiert werden – und hinterher sind oft trotzdem nicht alle ganz zufrieden. Ihr kennt das sicher: Wenn der Lehrer euch entscheiden lässt, wohin der Schulausflug gehen soll, kann es eine Ewigkeit dauern, bis eine Entscheidung gefällt ist. Jeder will woandershin: Der eine möchte auf den neuen Abenteuerspielplatz, der andere ins Erlebnisbad, und wieder der Nächste möchte ins Kino. Ein Kompromiss aus allen Wünschen könnte so aussehen: Der Ausflug geht vormittags in ein Freibad mit Spielplatz, und statt Kino gibt's nachmittags in der Schule noch eine DVD. Klingt eigentlich ganz okay, und trotzdem sind sicher manche enttäuscht, weil sie eben nicht ganz ihren Willen durchsetzen konnten.

In einer Demokratie müssen Kompromisse gefunden werden. Es können nicht alle Wünsche auf einmal erfüllt werden.

Außerdem ist Demokratie manchmal ein bisschen unbequem. Denn der Gedanke, dass alle mitmachen *können*, heißt manchmal auch, dass alle mitmachen *müssen*. Oder sagen wir, sollten. Zumindest sollte sich in einem demokratischen Staat wie Deutschland jeder an die aufgestellten Regeln halten. Und es sollte jeder wählen gehen. Und es ist wichtig, dass es immer genügend Freiwillige gibt, die sich für Politik engagieren wollen, indem sie etwa in einer Partei mitarbeiten oder sich öffentlich für Themen einsetzen, die ihnen wichtig sind. Das geht auch in Vereinen oder in Umweltorganisationen wie dem Naturschutzbund – da gibt es viele Möglichkeiten. Denn Demokratie heißt eben auch, dass jeder ein bisschen mit dafür verantwortlich ist, wie alle zusammenleben.

Die Demokratie hat also neben all ihren Vorteilen ein paar klitzekleine Nachteile. Allerdings ist bisher noch keiner auf eine gerechtere Idee gekommen, wie ein Volk am zufriedensten zusammenleben kann.

Wie kann man in der Politik mitmachen?

Nachdem Herr Hinz und Frau Kunz so unzufrieden mit dem Ergebnis der letzten Bundestagswahl waren, haben sie mit ihren Freunden viel über Politik geredet. Und am Ende waren sich alle einig: Die Parteien kümmern sich nicht genug um Familienthemen wie Schulen, Kindergärten und Spielplätze. Also kamen sie auf die Idee, eine eigene Partei zu gründen, die sich für solche Themen besonders einsetzt. Aber was muss man beachten, wenn man eine Partei gründen will?

Wie gründet man eine Partei?

Eine Partei darf in Deutschland jeder gründen, der auch wählen gehen darf. Also jeder, der mindestens 18 Jahre alt und deutscher Staatsbürger ist. Auch Herr Hinz und Frau Kunz. Allerdings müssen sie dabei, wie jeder, ein paar Regeln befolgen.

Damit ihre Partei bei Landtags- oder Bundestagswahlen gewählt werden kann, müssen sie eine bestimmte Zahl von Unterschriften von Leuten sammeln, die dafür sind, dass die neue Partei bei den Wahlen antritt. Außerdem müssen sie genügend Leute finden, die als Parteimitglieder mitmachen wollen. Es ist wichtig, dass sich diese Parteimitglieder einig über ihre politischen Ziele sind. In unserem Beispiel sollten sich also alle Mitglieder für die Rechte von Familien interessieren.

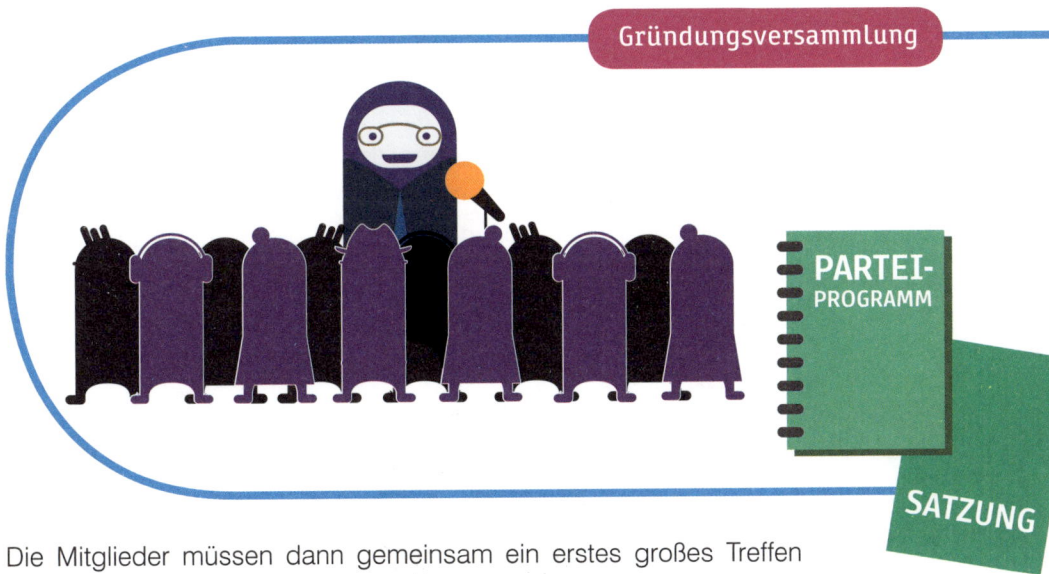

Gründungsversammlung

PARTEIPROGRAMM

SATZUNG

Die Mitglieder müssen dann gemeinsam ein erstes großes Treffen abhalten, die sogenannte „Gründungsversammlung". Da wählen sie die Chefs der Partei. Außerdem schreiben sie die Ziele ihrer Partei in einem „Parteiprogramm" auf. Dabei müssen sie aufpassen, dass keines ihrer Ziele gegen ein Gesetz aus dem Grundgesetzbuch verstößt – darin stehen die wichtigsten deutschen Gesetze. Und auch eine „Satzung" brauchen sie. In einer Satzung stehen alle Regeln, die in der Partei gelten sollen. Zum Beispiel, wie die Rechte und Pflichten der Parteimitglieder aussehen.

Jetzt braucht die neue Partei noch einen Namen. Der darf natürlich nicht so ähnlich klingen wie der einer schon bestehenden Partei. „SPP" geht zum Beispiel nicht, weil es ja schon die „SPD" gibt. Logisch, denn sonst könnte man die Parteien ja bei der Wahl verwechseln.

Die Partei von Herrn Hinz und Frau Kunz beschließt, sich „Partei für Familien", kurz „PFF", zu nennen. Und ein Parteilogo denken sie sich auch gleich aus. Auch das sollte besser nicht so aussehen wie das einer anderen Partei.

Ihre Satzung und ihren Namen muss die Partei dann kontrollieren lassen. Und zwar von dem Menschen, der auch bei der Bundestagswahl im Blick hat, ob alles mit rechten Dingen zugeht: dem Bundeswahlleiter. Wenn der alles in Ordnung findet, darf die Partei ganz offiziell mit ihrer Arbeit loslegen.

Bundeswahlleiter

Die Mitglieder einer Partei wollen etwas verändern. Darum versuchen sie, ihre Partei bekannter zu machen – zum Beispiel, indem sie Menschen in der Fußgängerzone ansprechen und ihnen die Ziele ihrer Partei erklären.

Was genau machen die Mitglieder einer Partei?

Wer einer Partei beitritt, möchte meist etwas in der Politik verändern. Mitglieder einer Partei können an Parteitagen teilnehmen, auf denen Parteipolitik beschlossen wird. Sie können die besten Kandidaten aus ihrer Partei für eine Wahl mit aussuchen, und sie können beim Wahlkampf für diesen Kandidaten helfen.

Jedes Parteimitglied bezahlt einen monatlichen Beitrag und bekommt einen Mitgliedsausweis. Heute sieht der Ausweis meist aus wie eine Bankkarte, früher war es ein kleines Buch. Darum wird dieser Ausweis manchmal auch heute noch „Parteibuch" genannt.

Die Parteimitglieder treffen sich regelmäßig, um über ihre politischen Ideen zu diskutieren. Außerdem sorgen sie dafür, dass die Ideen ihrer Partei bekannter werden. Denn je mehr Leute die Partei kennen, desto mehr Leute wollen die Partei dann vielleicht auch wählen. Und je mehr

Stimmen die Partei bekommt, desto mehr Macht hat sie später im Bundestag.

Die vielen ganz normalen Mitglieder einer Partei nennt man „Parteibasis". Sie helfen beim Wahlkampf oder gehen auch mal zu Versammlungen. Aber ansonsten haben sie keine politischen Ämter in der Partei und auch keinen Platz als Abgeordnete im Bundestag.

Wie viele Parteien gibt es und was wollen sie?

Erst einmal: Es gibt mehr Parteien, als ihr denkt! Aber fangen wir mit denen an, die wahrscheinlich viele von euch kennen: die Parteien, die im Bundestag sind. Ihre Logos tauchen immer wieder auf, in den Nachrichten hat immer irgendeiner ihrer Politiker was zu sagen, und vermutlich gibt es von der einen oder anderen Bundestagspartei auch bei euch im Ort manchmal Veranstaltungen.
Diese superbekannten Parteien sind:

SPD (Sozialdemokratische Partei Deutschlands)

Die SPD ist die älteste Partei im Bundestag. Es gibt sie schon seit 1863. Bei ihrer Gründung war die SPD eine Arbeiterpartei, also eine Partei, die sich vor allem für die Interessen der Arbeiter einsetzte. Heute ist sie eine Volkspartei. Aber sie setzt sich immer noch dafür ein, dass etwa Arbeiter mit niedrigen Gehältern und Arbeitslose mehr unterstützt werden. Zum Beispiel findet sie, dass Angestellte einen „Mindestlohn", also mindestens einen bestimmten Stundenlohn für ihre Arbeit bekommen müssen. Manche Kritiker finden aber, dass die SPD sich mittlerweile zu wenig mit solchen Themen und zu viel mit den Interessen von Firmenchefs (also eher Wirtschaftsthemen) beschäftigt.

CDU (Christlich Demokratische Union Deutschlands)

Dass christliche Werte für die CDU wichtig sind, steht ja schon im Namen. Trotzdem ist die CDU eine Volkspartei. Sie will sich also nicht nur für Christen einsetzen, sondern für alle, egal, welche Religion sie haben. Die CDU ist eine eher konservative Partei. Sie will also alte Werte und Überzeugungen bewahren. Das heißt, für sie sind zum Beispiel Themen wie Familie und Ehe wichtig. Und es ist der CDU wichtig, dass es Firmen und Fabriken in Deutschland gut geht und viele Menschen dort Arbeit finden. Unternehmen und Chefs mit hohen Gehältern sollen zum Beispiel weniger Steuern zahlen müssen, damit sie mehr Geld haben, von dem sie dann mehr Arbeiter einstellen können. Manche Kritiker finden es nicht gut, dass die Partei eher an die Chefs als an die Arbeiter denkt und die Arbeiter zum Beispiel bei einer Kündigung nicht so stark schützen will.

Angela Merkel ist die Parteivorsitzende der CDU und die Chefin von Deutschland.

CSU (Christlich Soziale Union)

Die CSU ist die „Schwesterpartei" der CDU. Das heißt, bei der Bundestagswahl werden die Stimmen der beiden Parteien als Gruppe zusammengezählt. Darum nennt man sie auch „die Union", denn Union bedeutet nichts anderes als „Gruppe". Die CSU gibt es nur in Bayern, und sie kann auch nur dort gewählt werden. Dafür kann die CDU in Bayern nicht gewählt werden, denn sonst müssten die beiden Parteien ja gegeneinander antreten und würden sich gegenseitig Wählerstimmen „klauen". Die Ziele der CDU und der CSU sind in fast allen Gebieten gleich. Allerdings sagt man, die CSU sei noch ein bisschen konservativer als die CDU.

In diesem großen Saal, dem „Plenarsaal", gibt es Sitzplätze für die Parteien, die bei der Wahl die meisten Stimmen bekommen haben. Vertreter der Parteien können hier diskutieren und neue Gesetzideen vorstellen.

FDP (Freie Demokratische Partei)

Der FDP ist das Thema „Freiheit" besonders wichtig, darum werden ihre Mitglieder auch die „Liberalen" (also die „Freien") genannt. Sie setzt sich zum Beispiel für eine „freie Marktwirtschaft" ein. Das heißt, die Politik soll nicht mitbestimmen, für wie viel Geld man Dinge kaufen kann, sondern Käufer und Verkäufer sollen das unter sich regeln. Wenn also viele Käufer etwas haben wollen, können das die Verkäufer so teuer machen, wie sie wollen, bis die Kunden den Preis nicht mehr zahlen wollen. Dann müssen die Verkäufer das Produkt wieder billiger machen. Die freie Marktwirtschaft ist vor allem für große Firmen und Menschen, die viel verdienen, gut. Die FDP findet, der Staat soll sich so wenig wie möglich in die Freiheit der Menschen einmischen. Allerdings bedeutet mehr Freiheit auch, dass die Schwächeren weniger Schutz vom Staat bekommen sollen. Das finden die Kritiker der FDP nicht gut.

Die Linke

Die Linke ist die jüngste Partei im Bundestag, es gibt sie erst seit 2007. Sie findet, dass Politiker sehr stark in der Wirtschaft (also bei Geldthemen) mitbestimmen sollten. Zum Beispiel sollen große Unternehmen und reiche Leute sehr viele Steuern zahlen, damit das Geld der Deutschen gleichmäßiger verteilt wird. Ihrer Meinung nach soll es dadurch weniger sehr reiche, aber auch weniger sehr arme Menschen geben. Die Linke will sich besonders für schwächere Menschen wie Arbeitslose einsetzen. Manche finden aber, dass die Linke mit ihren Ideen die Freiheit der Menschen zu sehr einschränkt.

Bündnis 90/Die Grünen

Die Grünen engagieren sich besonders für den Umweltschutz. Sie wollen zum Beispiel, dass Unternehmen strengere Regeln gegen die Umweltverschmutzung einhalten müssen. Und sie haben sich schon immer für die Abschaffung der Atomenergie stark gemacht. Außerdem wollen sie, dass große Unternehmen und Leute, die viel verdienen, höhere Steuern zahlen. Manche Kritiker finden allerdings, dass die Grünen zu wenig an das denken, was für die Wirtschaft wichtig wäre.
Übrigens: Heute findet fast jede Partei den Umweltschutz wichtig. Vor über 30 Jahren, als die Grünen gegründet wurden, war das aber noch etwas ganz Besonderes.

Bei offiziellen Treffen der Piraten haben alle Mitglieder ihren Laptop dabei und sind miteinander vernetzt. Auch sonst nutzen Piraten das Internet mehr als andere Parteien.

Und seit Neuestem kennt man auch die …

Piratenpartei

Die sitzt noch nicht im Bundestag. „Piraten" oder „Internetpiraten" nennt man auch Leute, die sich heimlich Musik oder Filme aus dem Internet herunterladen, ohne dafür zu bezahlen. Wer das tut, kann hart bestraft werden, denn das ist verboten. Die Mitglieder der Piratenpartei finden aber, es sollte häufiger erlaubt sein. Sie finden auch, jeder einzelne Bürger sollte bei neuen Gesetzen mitbestimmen dürfen, nicht nur die Politiker. Kritiker sehen es als problematisch an, dass sich die Piraten fast nur mit dem Thema Internet beschäftigen. Denn es gibt natürlich noch viel mehr Themen, zu denen eine Partei eine Meinung haben sollte. Aber außer beim Thema Internet können sich die Parteimitglieder da bisher nicht einigen. Manche kritisieren auch, dass es bei der Piratenpartei zum Beispiel auf Parteitagen ziemlich chaotisch zugeht.

Klein, aber oho – Was sind Kleinparteien?

„Die Grauen"? „future!"? „PASS"? Nie gehört? Kein Wunder, denn diese Parteien sind nur drei von mehreren Hundert Kleinparteien hier in Deutschland. Dass ihr von denen noch nie etwas gehört habt, liegt vielleicht daran, dass sie bei Bundestagswahlen nur sehr wenige Stimmen abbekommen. Von diesen Kleinparteien sieht man bei der Auszählung im Fernsehen nur einen einzigen grauen Balken – sie stehen alle zusammen unter „Sonstige Parteien".

Kleinparteien haben (ihr ahnt es sicher schon) nur wenige Mitglieder, niedrige Wahlergebnisse und darum auch nur wenig politischen Einfluss. Das liegt unter anderem daran, dass sich viele Kleinparteien eher spezielle Themen aussuchen, die den großen Parteien nicht so wichtig sind. Zum Beispiel „Die Grauen": Die kümmern sich eher um Themen, die für ältere Menschen interessant sind. Viele jüngere Menschen interessieren sich nicht so sehr für diese Themen, und auch viele ältere Menschen haben andere Lieblingsparteien. Also werden „Die Grauen" nicht besonders oft gewählt.

Die Grünen sind übrigens aus einem Zusammenschluss von vielen solcher Kleinparteien entstanden. Diese Kleinparteien fanden, dass sie alle sehr ähnliche Ideen hatten, und haben daher beschlossen,

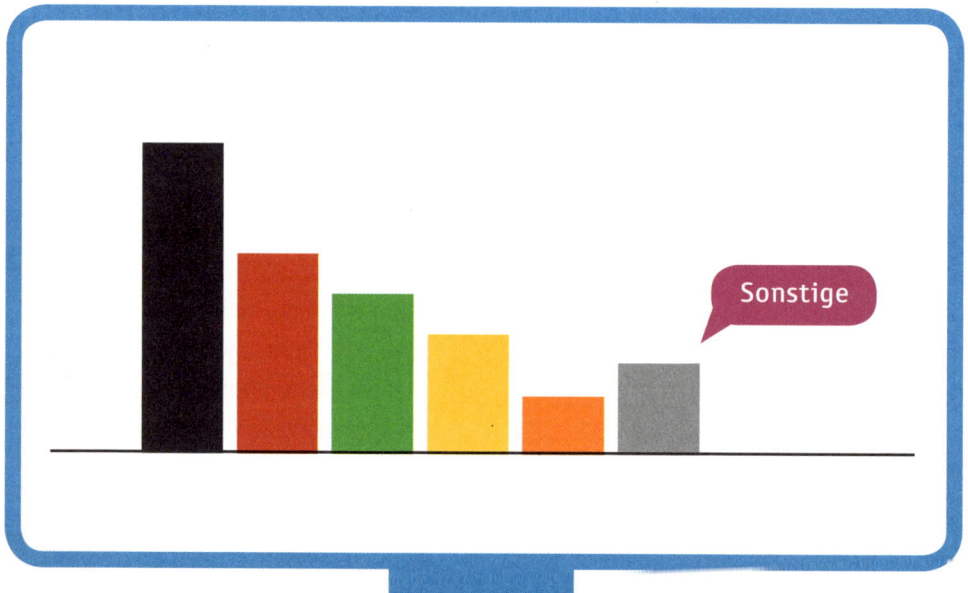

Sonstige

sich zusammenzutun. Und das hat gut funktioniert: Seit 1994 sind die Grünen ständig im Bundestag vertreten.

Christoph, 11: Wozu braucht man so viele Parteien?

Weil es viele unterschiedliche Ideen gibt, wie in Deutschland am besten Politik gemacht werden sollte. Die meisten Parteien sind sich über bestimmte Dinge einig: Alle finden zum Beispiel, jeder Mensch sollte genug Geld haben, um gut leben zu können. Aber wie viel Geld ist das? Und ab wann braucht jemand Hilfe vom Staat? Darüber sind sich die Parteien wiederum nicht einig. Überhaupt ist Geld ein schwieriges Thema: Wie viel Geld sollte der Staat für Umweltschutz, bessere Straßen oder neue Schulen ausgeben? Da haben viele Parteien eine unterschiedliche Meinung. Und das ist gut: Denn so können auch viele unterschiedliche Vorschläge im Bundestag diskutiert werden.

Ist links einfach da, wo der Daumen rechts ist?

Wenn in den Nachrichten über Politik gesprochen wird, kommen häufig die Begriffe „links" und „rechts" vor. Das sind Richtungen, klar. Aber in der Politik bezeichnet man mit „links" und „rechts" auch bestimmte Meinungen.

„Links" bedeutet, dass eine Partei sich eher dafür einsetzt, dass alle in der Gesellschaft gleichbehandelt werden und dass alles gleichmäßig zwischen den Menschen verteilt wird. Es soll also beispielsweise weder besonders arme noch besonders reiche Menschen geben. Alle sollen ähnlich viel Geld besitzen. Außerdem sollen alle dieselben Chancen für eine gute Schulbildung erhalten, egal, woher sie kommen oder wie viel Geld sie haben.

„Rechts" bedeutet, dass einer Partei Traditionen besonders wichtig sind. Außerdem achten diese Parteien eher darauf, dass es der Wirtschaft gut geht (was das genau bedeutet, erfahrt ihr in Kapitel 8), weil es dann auch den Menschen gut gehe. Menschen sollen ruhig im

Wettbewerb miteinander versuchen, mehr Geld als andere zu verdienen. Dass es dadurch reichere und ärmere Menschen gibt, finden
diese Parteien in Ordnung.

Die Meinungsbegriffe „links" und „rechts" kommen aber auch in der
Politik tatsächlich von den Richtungen. Denn schon vor über 200 Jahren, als es in Europa die ersten Parlamente gab, waren die Sitzplätze
nach den Meinungen der Leute aufgeteilt: Rechts saßen die Leute,
die reich und meist adlig waren. Sie wollten damals, dass die wenigen Reichen weiterhin die Macht behalten. Links saßen die einfachen
Bürger. Sie haben sich zum Beispiel dafür eingesetzt, dass es den
Ärmeren besser geht und dass auch ärmere Leute in der Politik mitmachen dürfen.

Und auch wenn die Meinungen der Parteien heute gar nicht mehr so
unterschiedlich sind wie früher (für weniger Arbeitslose etwa kämpfen
ja alle): Das mit der Sitzverteilung ist auch heute noch so. Die Parteien,
die eher rechts sitzen, sind im Moment die CDU/CSU und die FDP.
Eher links sitzen die SPD, Bündnis 90/Die Grünen und – das sagt ja
schon der Name – die Linken.

Der Begriff „rechts" hat heutzutage allerdings einen negativen Bei-
geschmack. Denn mit „rechts" meinen in Deutschland viele „rechts-
extrem", also zum Beispiel Leute, die keine Ausländer mögen. Darum
bezeichnen sich die CDU/CSU und die FDP auch nicht als rechts,
sondern als „Mitte", damit keine Missverständnisse entstehen. Denn
keine dieser Parteien hat natürlich was gegen Ausländer!

Kann eine Partei auch verboten werden?

Ihr habt es ja am Beispiel von Herrn Hinz und Frau Kunz gesehen: Grundsätzlich darf jeder erwachsene Deutsche bei uns eine Partei gründen. Und es gibt ja auch viele Parteien in Deutschland. Das ist eigentlich eine gute Sache. Denn je mehr Parteien, desto mehr unterschiedliche Meinungen. Und dass jeder seine Meinung sagen darf, gehört in Deutschland zu den wichtigsten Rechten. Das steht sogar in unserer Verfassung, dem Grundgesetz!

Schwierig wird es, wenn eine Partei Ziele verfolgt, die nicht mit den Regeln aus der Verfassung zusammenpassen. So etwas nennt man „verfassungsfeindlich". Wenn also zum Beispiel eine Partei den Menschen verbieten will, ihre Meinung frei zu sagen, dann ist das verfassungsfeindlich.

Eine Partei mit verfassungsfeindlichen Zielen kann verboten werden. So ein Parteiverbot ist allerdings eine sehr wichtige und schwierige Entscheidung. Darum darf darüber nur das wichtigste Gericht in

Deutschland entscheiden: das Bundesverfassungsgericht. Dieses Gericht muss die Partei ganz genau unter die Lupe nehmen und prüfen, ob sie wirklich verfassungsfeindliche Ziele hat. Wenn das Bundesverfassungsgericht dann ganz sicher ist, kann es die Partei verbieten lassen. Das ist in Deutschland bisher aber erst zweimal passiert: 1952 wurde die rechtsextreme Partei SRP verboten, 1956 die linksextreme Partei KPD.

Besonders um das Verbot einer bestimmten Partei gibt es immer wieder großen Wirbel: das der „Nationaldemokratischen Partei Deutschlands", der NPD. Die NPD ist eine rechtsextreme Partei mit vielen verfassungsfeindlichen Ideen: Die meisten Anhänger der NPD wollen, dass in Deutschland nur Deutsche leben und keine Ausländer. Sie wollen erreichen, dass Ausländer keine Hilfe vom Staat bekommen, zum Beispiel wenn sie ihre Arbeit verlieren und nicht mehr genug Geld zum Leben haben. Einige Forderungen der NPD klingen sehr ähnlich wie damals die Ideen des grausamen deutschen Diktators Adolf Hitler zur Zeit des Nationalsozialismus.

Wegen der verfassungsfeindlichen Ziele der Partei fordern immer wieder viele Menschen in Deutschland, dass die NPD verboten werden soll. Im Dezember 2012 haben die Bundesländer gemeinsam einen neuen Antrag für ein Verbot gestellt. Diesen Antrag wird das Bundesverfassungsgericht jetzt überprüfen.

Das Problem dabei ist: Sollte der Verbotsantrag abgelehnt werden, dann wäre das zum einen eine schwere Niederlage für die Politiker. Zum anderen – und das finden viele noch schlimmer – würde die NPD das als einen Erfolg für sich sehen. Die NPD hätte sozusagen gegen die vielen anderen Politiker und Parteien gewonnen.

Die NPD ist eine rechtsextreme Partei. Ob sie demnächst verboten wird, überprüft das Bundesverfassungsgericht.

Infoseite: Die Parteifarben

SPD und Die Linke: Rot

Die rote Farbe hat eine lange Tradition: Vor über 200 Jahren trug bei der Französischen Revolution eine Gruppe von Aufständischen, die den König stürzen wollten, rote Mützen als Freiheitssymbol. Die Arbeiter während der Arbeiterbewegung in der Mitte des 19. Jahrhunderts nahmen sich diese Aufständischen zum Vorbild und nähten sich rote Fahnen, die sie beim Kampf für ihre Rechte trugen. Seitdem ist „rot" in vielen Ländern gleichbedeutend mit dem Kampf der Armen gegen die Reichen. Die Linke wird manchmal „dunkelrot" genannt. Einerseits, damit es keine Verwechslungen mit der SPD gibt, andererseits, weil die Linke sich heute kämpferischer für die Interessen der Arbeiter und der ärmeren Menschen einsetzt als die SPD.

Bündnis 90/Die Grünen: Grün

Wenn eine Partei schon „Die Grünen" heißt, braucht sie natürlich auch ein grünes Logo, klar. Das Grün steht für die Natur und eine gesunde Umwelt.

Beim Bundesparteitag der FDP sieht man die Parteifarbe an den Tischen der Abgeordneten.

CDU: Schwarz

Die schwarze Farbe als Markenzeichen hat sich die CDU nicht selbst ausgesucht: Für ihre Vorgängerpartei (die „Zentrumspartei", die Ende des 19. Jahrhunderts gegründet wurde) saßen früher sehr viele schwarz gekleidete katholische Priester im Parlament. Logisch, dass sich die Leute das schnell merkten. Auch heute noch erinnert das Schwarz daran, dass die CDU eine christliche Partei ist.

FDP: Gelb

Das gelb-blaue Logo der FDP hat keinen geschichtlichen Hintergrund. Werbeleute fanden einfach, das seien schöne Farben. Nachdem sie der Partei diese Farben für eine Landtagswahl 1972 vorgeschlagen hatten, übernahm die FDP sie ab da auch für die Bundestagswahl.

Aber Achtung: Wenn ihr in einem anderen Land ein Wahlplakat mit zum Beispiel schwarzem Logo seht, heißt das nicht automatisch, dass ihr es mit einer christlichen Partei zu tun habt! In anderen Ländern bedeuten die Parteifarben oft etwas ganz anderes.

Und was ist mit den Kindern?

Der 14-jährige Lukas kommt in die Parteizentrale der PFF und beschwert sich: „Es gibt auch Kinder, die sich für Politik interessieren! Warum dürfen wir nicht mitmachen?"

Ja, warum eigentlich nicht? Herr Hinz und Frau Kunz fangen an zu diskutieren. Sie haben ganz unterschiedliche Ansichten zu dem Thema. Lukas hört sich das alles genau an.

„Politik ist oft sehr kompliziert. Viele Themen können Kinder noch nicht ganz verstehen. Um wählen zu gehen, braucht man schon ein bisschen Lebenserfahrung."

„Die Politiker vergessen oft die Interessen der Kinder. Wenn Kinder wählen dürften, würden die Politiker mehr für sie tun und zum Beispiel mehr Spielplätze bauen oder sich stärker für bessere Schulen einsetzen."

Sollten Kinder wählen dürfen oder nicht?

Herr Hinz ist gegen ein Kinderwahlrecht, Frau Kunz ist dafür. Sie sagt: „Viele Erwachsene verstehen die komplizierten Politikthemen auch nicht genau. Vielleicht würden Politiker versuchen, ihre Ideen ein bisschen verständlicher zu erklären, wenn auch Kinder wählen dürften. Dann würden sich bestimmt nicht nur mehr Kinder, sondern auch mehr Erwachsene für Politik interessieren!"

Herr Hinz ist da anderer Meinung: „Klar denkt nicht jeder Politiker daran, was für Kinder das Beste wäre. Aber dafür gibt's schließlich das Bundesministerium für Familie, Senioren, Frauen und Jugend. Zusätzlich haben wir extra eine Gruppe im Bundestag, die darauf achtet, was Kinder brauchen: die Kinderkommission. Die kann den Politikern auf die Finger klopfen, wenn ihr irgendwas nicht gefällt. Die Kinder werden also gar nicht vergessen. Und außerdem: Zur Wahl zu gehen bedeutet eine große Verantwortung. Die sollten Kinder noch nicht tragen müssen. Die Erwachsenen kümmern sich für sie um solche Dinge wie Politik."

Frau Kunz schüttelt den Kopf. „Und was ist mit den Kindern, die sich gern selbst darum kümmern *wollen*? Selbst wenn das nur ein paar wenige sind: Demokratie heißt, das Volk hat die Macht. Und zum Volk gehören nun mal auch die Kinder. Es ist nicht gerecht, wenn sie nicht mitmachen dürfen."

Und so geht das noch lange hin und her. Es gibt also viele Argumente dafür, dass Kinder wählen gehen dürfen, aber auch viele dagegen.

Wie könnte ein Kinderwahlrecht aussehen?

So wie Lukas und Frau Kunz finden auch viele andere Leute, dass Kinder wählen dürfen sollten. Auch manche Politiker sind für ein Kinderwahlrecht.

Zumindest über eine Sache wird häufiger ernsthaft diskutiert: das Wahlalter auf 16 Jahre zu senken. Bei manchen Kommunalwahlen (das sind die Wahlen für die Mini-Parlamente in eurer Gemeinde) dürfen auch jetzt schon Jugendliche ab 16 Jahren mitmachen. Aber denen, die sich für das Kinderwahlrecht einsetzen, geht das nicht weit genug. Sie finden: „Alle Kinder sollten die Chance haben, wählen zu gehen! Egal, wie alt sie sind!" Dazu gibt es mehrere Ideen.

Eine Idee ist, dass Kinder von Geburt an das Wahlrecht haben. Ihr fragt euch vielleicht: „Wie jetzt? Sollen die mit ihrem Windelpopo zum Wahllokal robben?"

Natürlich nicht. Aber sobald sie sich für Politik interessieren und gerne wählen gehen möchten, könnten sie in der Gemeinde- oder Stadtverwaltung Bescheid geben. Sie würden dann ins Wählerverzeichnis

Es gibt mehrere Ideen, wie ein Kinderwahlrecht aussehen könnte.

Wahlrecht ab der Geburt

Auch im Bundestag kann man sich informieren, was die Politik für Kinder tut.

aufgenommen und könnten an der nächsten Wahl teilnehmen wie die Erwachsenen.

Eine andere Idee lautet so: Kinder kriegen von Geburt an das Wahlrecht. Aber bis sie 18 sind, gehen ihre Eltern für sie zur Wahl und bestimmen allein, welche Partei sie für ihr Kind wählen. Die, die dafür sind, denken: „Eltern wissen schließlich am besten, was gut für ihre Kinder ist." Allerdings würden wahrscheinlich viele Eltern einfach auch die Kinderstimme für die Partei abgeben, die sie selbst am besten finden.

Eltern wählen fürs Kind.

Eltern und Kinder diskutieren miteinander.

Beim Red-Hand-Day geht es um den Schutz der Kinder. Organisiert wird er von der Kinderkommission des Deutschen Bundestages.

Und es gibt noch einen dritten Vorschlag, eine Mischung aus den ersten beiden: Auch hier sollen Kinder von Anfang an das Wahlrecht haben, und auch hier machen ihre Eltern für sie das Kreuzchen auf dem Wahlzettel, bis sie 18 sind. Aber: Kinder und Eltern sollten vor der Wahl gemeinsam über Politik diskutieren, und die Kinder sagen dann den Eltern: „Bitte kreuzt für mich die Partei X an." Schwierig daran ist: So wäre erstens die Wahl nicht mehr geheim (und das ist eine der wichtigsten Regeln für eine echte demokratische Wahl). Und zweitens könnte es auch passieren, dass die Eltern schummeln und in Wirklichkeit doch den Wahlzettel des Kindes für ihre eigene Lieblingspartei ausfüllen. Aus dieser Idee haben ein paar Politiker schon mal versucht, ein Gesetz zu machen. Es wurde aber abgelehnt.

Damit Kinder nicht vergessen werden, obwohl sie nicht selbst wählen gehen dürfen, gibt es die „Kinderkommission des Deutschen Bundestages" (kurz: KiKo).

Kommission bedeutet so etwas wie „Gruppe". Es ist also eine Gruppe von Politikern, die sich ganz besonders für Kinder einsetzt. In diese Gruppe schickt jede Bundestagspartei einen Politiker. Diese achten gemeinsam darauf, dass bei allen politischen Entscheidungen auch die Kinder mit bedacht werden. Wenn die Politiker etwas entschieden haben, was nicht gut für Kinder ist, sagt die Kinderkommission ihnen das und macht vielleicht einen Gegenvorschlag.

Auf welches Thema die Kinderkommission gerade am meisten achtet, bestimmt der oder die Vorsitzende. Die KiKo wechselt ihre Vorsitzenden immer so, dass von einer bis zur nächsten Bundestagswahl jedes Mitglied genau einmal dran war. So können viele unterschiedliche Kinderthemen besprochen und vielleicht Probleme gelöst werden. Denn ein Mitglied findet womöglich das Thema Kinderarmut wichtig, das nächste achtet etwa auf Gesundheitsthemen besonders stark.

Die Kinderkommission hat auch schon dafür gesorgt, dass Gesetze geändert wurden. Zum Beispiel mussten früher Kindergärten oder

Die Kinderkommission hat durchgesetzt, dass schreiende oder lärmende Kinder vor dem Gesetz etwas völlig Normales sind.

Spielplätze manchmal schließen, weil sich Nachbarn über den Lärm der Kinder beschwert hatten. Laut Gesetz war das in Ordnung. Dank der Kinderkommission geht das inzwischen nicht mehr. Im Gesetz steht jetzt nämlich, dass Kinderlärm nicht schädlich, sondern ganz normal ist.

Die Kinderkommission kümmert sich also um Probleme, die Kinder in ganz Deutschland angehen. Wie die Sache mit den Kindergärten oder Spielplätzen. Sie kann sich aber nicht in „Einzelfälle" einmischen. Wenn also euer Fußballplatz geschlossen wird, weil da ein neues Einkaufszentrum entstehen soll, hat die Kinderkommission damit nichts zu tun. Für solche Probleme wendet ihr euch am besten an die Politiker bei euch im Ort. Und auch für Streit zwischen euch und euren Eltern ist die KiKo nicht zuständig.

Es gibt auch zwei Ministerien, die sich unter anderem für Kinder einsetzen: das Bundesministerium für Familie, Senioren, Frauen und Jugend und das Bundesministerium für Bildung und Forschung. Das Bildungsministerium kümmert sich, wie der Name schon sagt, um Bildungsthemen – also um alles rund um Schule, Ausbildung, Studium und so weiter. Es will unter anderem mit kostenlosen Büchern für

Bundesministerium für Bildung und Forschung

UNIVERSITÄT

SCHULE

Kinder dafür sorgen, dass auch Kinder aus ärmeren Familien mehr lesen. Für Jugendliche versucht das Bildungsministerium, bessere Ausbildungschancen zu schaffen, und arbeitet dafür mit Unternehmen zusammen.

Die Mitarbeiter des Familienministeriums überlegen zum Beispiel, warum die Deutschen heute weniger Kinder bekommen als noch vor wenigen Jahren. Und sie versuchen, daran etwas zu ändern, indem sie etwa Eltern, die eine Zeit lang bei ihrem Baby zu Hause bleiben möchten, Geld zahlen. Außerdem will das Familienministerium dafür sorgen, dass alle kleinen Kinder einen Kindergarten besuchen können, sodass die Eltern die Möglichkeit haben, arbeiten zu gehen.

Wenn den Mitarbeitern eines Ministeriums auffällt, dass in Deutschland etwas geändert werden sollte, überlegen sie sich eine Lösung. So wie bei der Idee, dass Eltern eine gewisse Zeit lang Geld vom Staat bekommen sollten, um bei ihrem Baby bleiben zu können. Jede Idee wird den Abgeordneten im Bundestag vorgestellt, damit daraus dann ein Gesetz gemacht werden kann. (Wie ein Gesetz genau entsteht, erfahrt ihr in Kapitel 5!)

Die Beschäftigung mit Kinderthemen ist allerdings nur ein kleiner Bereich der Arbeit dieser Ministerien. Oft wird kritisiert, dass immer noch

Bundesministerium für Familie, Senioren, Frauen und Jugend

ARBEIT

nicht genug für Kinder und Familien getan wird. Und dass viele andere Themen den Politikern wichtiger zu sein scheinen.

Kontakt: Wenn ihr eine Frage an die Kinderkommission oder eines der beiden Ministerien habt, dann schreibt ihnen einfach eine E-Mail:
Kinderkommission: kinderkommission@bundestag.de
Die Ministerien erreicht ihr über ein Kontaktformular, das ihr unter „Service" auf ihren Internetseiten findet. Das Ministerium für Familie, Senioren, Frauen und Jugend hat die Adresse www.bmfsfj.de, das Bundesministerium für Bildung und Forschung findet ihr unter www.bmbf.de.

Haben Kinder eigene Rechte?

Ja, sogar eine ganze Menge! Man kann sie auch nachlesen, denn sie stehen alle aufgeschrieben in der „Kinderrechtskonvention". Eine Konvention ist ein Vertrag, den mehr als zwei Staaten miteinander schließen. Diesen Vertrag zu den Kinderrechten haben also nicht nur Deutschland und Frankreich, sondern auch Spanien und Italien und Griechenland und, und, und … unterschrieben. Es sind so viele Staaten, dass es sehr lange dauern würde, sie alle aufzuzählen. Insgesamt 193! Das sind alle Staaten der Erde bis auf Somalia und die USA.
In der Kinderrechtskonvention stehen in 54 Artikeln die wichtigsten Rechte der Kinder. Einige davon sind zum Beispiel:
Das Recht auf Bildung: Es bedeutet, dass alle Kinder die Chance bekommen sollen, in die Schule zu gehen. Sie sollen rechnen, lesen und schreiben lernen, um später eine Arbeit zu finden.
Das Recht auf Gleichheit: Das heißt, dass alle Kinder gleichbehandelt werden sollen. Egal ob Junge oder Mädchen, egal welche Hautfarbe oder Religion sie haben oder welche Sprache sie sprechen.

Das Recht auf Beteiligung: Kinder sollen sich einmischen dürfen, wenn es um Entscheidungen geht, die auch sie betreffen, zum Beispiel vor Gericht. Und die Erwachsenen sollen die Meinung der Kinder ernst nehmen.

Die Staaten müssen regelmäßig dem „UN-Ausschuss für die Rechte des Kindes" einen Bericht darüber abliefern, was in ihrem Land für die Kinderrechte getan wurde. Dieser Bericht wird dann geprüft, und

Kinder auf der ganzen Welt haben Rechte. Dazu gehört auch das Recht, in die Schule gehen zu dürfen. Leider gibt es noch immer viele Länder, wo das nicht möglich ist.

manchmal machen die Prüfer den einzelnen Staaten auch Verbesserungsvorschläge.

Wenn ihr mehr wissen wollt, dann geht ins Internet auf <u>www.bmfsfj.de</u>. Das ist die Seite des Bundesministeriums für Familie, Senioren, Frauen und Jugend. Unter „Service" und „Publikationen" gibt es die Broschüre „Die Rechte der Kinder von logo! einfach erklärt" zum Herunterladen.

Aber obwohl die Kinderrechtskonvention eine tolle Sache ist: Es muss noch viel getan werden, damit die Kinderrechte wirklich von allen beachtet und geschützt werden. In vielen ärmeren Staaten der Erde gibt es zum Beispiel Kinderarbeit und Hunger. In einigen Staaten müssen Kinder als Soldaten kämpfen. Und zur Schule zu gehen ist für viele Kinder und Jugendliche auf der Welt unmöglich.

In einem Jugendparlament können Kinder und Jugendliche bei politischen Entscheidungen mitreden und mitentscheiden.

Jugendparlament 2009

In verschiedenen Städten Deutschlands gibt es Jugendparlamente. Vielleicht ja auch in eurer Stadt? In solchen Jugendparlamenten sitzen Kinder und Jugendliche, die von anderen Kindern und Jugendlichen als ihre Vertreter gewählt wurden. Sie treffen sich zusammen mit erwachsenen Unterstützern und besprechen, was in einer Gemeinde für Kinder und Jugendliche getan werden muss.

Aber nicht nur das: Sie können sich auch für andere Themen einsetzen, die ihnen wichtig sind, zum Beispiel für den Umweltschutz ihrer Gemeinde. Ihre Vorschläge legen sie dann den Politikern vor, und die probieren, sie umzusetzen. Manchmal gibt es sogar Jugendparlamente, die eigenes Geld zur Verfügung haben, über das sie selbst be-

Daniel Zimmermann von der Jugendpartei PETO wurde 2009 zum jüngsten Bürgermeister Deutschlands.

stimmen können. Jugendparlamente sollen dafür sorgen, dass auch die, die noch nicht wählen dürfen, mehr bei politischen Entscheidungen mitreden können.

Etwas anderes sind Jugendparteien. Das sind tatsächlich richtige Parteien, die besonders für die Interessen von Kindern, Jugendlichen, aber auch noch jungen Erwachsenen (zum Beispiel Studenten) eintreten. Sie haben nichts mit den Jugendorganisationen der Bundestagsparteien zu tun, sondern haben ganz eigene Parteiprogramme und eigene Ziele.

Meistens gibt es sie nur im „kommunalen" Bereich, also in den Gemeinden. Dass man in manchen Kommunen schon mit 16 wählen oder sich als Kandidat einer Partei wählen lassen darf, ist für Jugendparteien natürlich eine gute Voraussetzung.

Ein neuer Skatepark: ein Fall für die Jugendparteien!

Die Ziele von Jugendparteien sind darum meist auch eher solche, die sich mit den Problemen in bestimmten Orten und Regionen beschäftigen. Zum Beispiel kümmern sie sich darum, dass ein Skatepark für Jugendliche oder ein Spielplatz für die Kleineren gebaut wird.

Weil ja jeder, der eine echte Partei gründet, bestimmte Regeln einhalten muss, haben manche Jugendparteien einen Trick: Sie schließen sich gar nicht als richtige Partei zusammen, sondern als „Wählervereinigung". Denn damit dürfen sie zwar nicht bei Bundestags- oder Landtagswahlen teilnehmen (das wollen die meisten ja auch gar nicht), aber sie sparen sich eine Menge Papierkram.

Übrigens: In der Stadt Monheim hat die Jugendpartei PETO („peto" ist lateinisch und heißt „ich fordere") im Jahr 2009 etwas ganz Besonderes geschafft: Ihr Kandidat Daniel Zimmermann wurde Bürgermeister! Zehn Jahre vorher hatte er die Partei zusammen mit seinen Freunden gegründet. Damals war er 17!

Jugendorganisationen der Parteien:

SPD: www.jusos.de, Mindestalter: 14 Jahre

CDU: www.junge-union.de, Mindestalter: 14 Jahre

Bündnis 90/Die Grünen: www.gruene-jugend.de,
kein Mindestalter

FDP: www.julis.de, Mindestalter: 14 Jahre

Die Linke: www.linksjugend-solid.de, Mindestalter: 14 Jahre

Piratenpartei: www.junge-piraten.de, kein Mindestalter

Auf den Internetseiten könnt ihr herausfinden, wann das nächste offene Treffen in eurer Nähe stattfindet. Da könnt ihr einfach mal vorbeischauen, um zu sehen, ob ihr die Leute nett findet. Denn Parteiziele hin oder her, auch mit den Menschen muss es ja passen!

Jugendparteien ...

... arbeiten bisher nicht deutschlandweit. Wenn ihr trotzdem neugierig seid, schaut doch zum Beispiel auf diese Seiten:
www.peto.de (Monheim)
www.kiditiative.de (Bergisch Gladbach)

Allgemein ...

... über Politik informieren könnt ihr euch unter:
www.kuppelkucker.de (Kinderportal des Deutschen Bundestags)
www.hanisauland.de (Kinderseite der Bundeszentrale für politische Bildung)
Oder, na logo!, unter: www.logo.de!

Träumen von Berlin. Was passiert im Bundestag?

Die PFF hat großen Erfolg. Viele Menschen finden, dass ihnen eine Partei mit solchen Zielen gefehlt hat, und wollen Mitglied werden. Die PFF freut sich riesig. Herr Hinz träumt sogar heimlich schon davon, als Abgeordneter im Bundestag zu sitzen. Um ein bisschen Politikluft zu schnuppern, besucht er seinen Cousin Bert in Berlin. Der ist nämlich Abgeordneter im Bundestag.

Die Abgeordneten arbeiten im Bundestag. Der befindet sich im Reichstagsgebäude, diesem alten Bauwerk hier mit der schicken Glaskuppel. Es ist ziemlich oft in den Nachrichten zu sehen – achtet mal drauf!

Cousin Bert

Was macht so ein Abgeordneter im Bundestag?

Abgeordnete (oder Delegierte) sind Politiker. Sie vertreten die Menschen eines Landes in einem Parlament. Sie sitzen nicht nur im Bundestag, sondern auch in Landtagen oder im Stadtrat. Meistens gehören Abgeordnete einer Partei an.

Abgeordnete wie Bert sind Politiker aus ganz Deutschland. Sie wurden von den Wählern in den Bundestag gewählt und sollen dort die Interessen aller Menschen in Deutschland vertreten. Zum Beispiel diskutieren sie darüber, wie Deutschlands Geld am besten verteilt werden soll. Also, wie viel davon für neue Straßen ausgegeben wird, mit wie viel Geld Familien unterstützt werden und wie viel davon Menschen ohne Arbeit bekommen sollen. Dafür treffen sie sich in Expertengruppen. Bert ist zum Beispiel in einer Gruppe zum Thema Landwirtschaft.

Der Landwirtschaftsausschuss überlegt sich, welche Gesetze gut für Bauern wären.

Als er neu in die Gruppe kam, musste er sich erst einmal gründlich in dieses Thema einlesen, mit Experten sprechen und sich so richtig fit für die Arbeit in der Gruppe machen. Denn kaum ein Bundestagsabgeordneter ist von Anfang an ein Experte für ein Thema, aber durch viel Lesen und Lernen wird er es.

Bert und seine Kollegen diskutieren, was wichtig für die Landwirte ist und wie man sie am besten unterstützen kann. Und dann machen sie Vorschläge für neue Gesetze, die dafür sorgen sollen, dass es den Landwirten besser geht. Denn Gesetzesvorschläge zu machen ist eine der wichtigsten Aufgaben der Abgeordneten! (Wie das mit den Gesetzen genau funktioniert, erfahrt ihr in Kapitel 5.)

Im „Plenarsaal" im deutschen Bundestag werden viele Reden gehalten und manchmal kann es ganz schön heiß hergehen!

Eine weitere sehr wichtige Aufgabe der Abgeordneten: Sie wählen den Bundeskanzler und schauen ihm und der Regierung bei der Arbeit genau auf die Finger. Zum Beispiel darf die Regierung erst dann Geld für etwas ausgeben, wenn die Mehrheit der Abgeordneten zugestimmt hat. Wenn die Abgeordneten sich bei einem Thema nicht sicher sind, ob die Regierung wirklich alles richtig bedacht hat, können sie das von Fachleuten noch einmal ganz genau untersuchen lassen.

Und wenn die Abgeordneten ihrem Kanzler nicht mehr vertrauen, können sie ihn sogar abwählen.

Ihr seht also: So ein Abgeordneter hat eine Menge unterschiedlicher und wichtiger Aufgaben!

Alle reden von der „Regierung" – wer ist das eigentlich?
Zwar sitzt jeder Bundestagsabgeordnete im Bundestag. Aber nicht jeder Abgeordnete ist automatisch auch in der Regierung! Die Regierung besteht aus dem Bundeskanzler und seinen Ministern. Zusammen nennt man sie auch „das Kabinett".

Was tut der Bundeskanzler?

Der Kanzler hat immer viel zu tun. Vor allem muss er sehr viel lesen: Zeitungen, Gesetze, E-Mails … Er muss viel reden, aber auch viel zu-

Kanzlerin Angela Merkel auf einer Dienstreise in China

hören: Denn weil er nicht über alles selbst Bescheid wissen kann, hat er Berater, die ihn immer über die wichtigsten Themen informieren.

Bundeskanzler könnte man rein rechtlich schon mit 18 Jahren werden. Und im Amt bleiben kann man, solange das Volk und die Regierung das wollen. Die längste Amtszeit hat bisher Helmut Kohl von der CDU hingelegt: Ganze 16 Jahre lang war er deutscher Bundeskanzler!

Manchmal muss ein Kanzler auch in andere Länder fliegen und dort wichtige Politiker treffen. Gemeinsam mit denen schließt er dann Vereinbarungen und fällt Entscheidungen. Zum Beispiel darüber, wie eng die Länder in Zukunft zusammenarbeiten wollen. Aber der Kanzler regiert ja nicht allein. Er hat auch noch seine Minister.

Wie wird man Minister?

Zu Beginn seiner Amtszeit überlegt sich der Kanzler, für welche Themen er Minister braucht. Er kann zum Beispiel denken: „Ich finde

es besonders wichtig, dass es einen Minister gibt, der sich um das Thema Umwelt kümmert." Das klingt für eure Ohren vielleicht ganz logisch, aber vor einigen Jahren war es noch gar nicht selbstverständlich, einen Umweltminister zu haben! Manchmal ist es auch sinnvoll, verschiedene Themen, die miteinander zu tun haben, zusammenzufassen. Das Bundesministerium für Ernährung, Landwirtschaft und Verbraucherschutz ist so ein Fall, denn es fasst Themen rund ums Essen zusammen.

Wie viele Ministerien sich ein Kanzler ausdenkt, ist seine Sache. Ein paar Ministerien sind aber vom Grundgesetz vorgeschrieben. Zum Beispiel muss es immer einen Innenminister, einen Justizminister, einen Finanzminister und einen Verteidigungsminister geben.

Nun sucht sich der Kanzler aus, wer einen Ministerposten bekommen soll, und schlägt diese Leute dem Bundespräsidenten zur Ernennung vor. Minister werden können Abgeordnete aus den Parteien, die zusammen die Mehrheit im Bundestag bilden. Nur der Kanzler kann die Minister vorschlagen, und nur er kann den Bundespräsidenten darum bitten, sie wieder zu entlassen. Die Abgeordneten aus dem Bundestag haben da nichts mitzureden.

Alle Minister dürfen ihre Ministerien allein leiten, da redet ihnen der Kanzler normalerweise nicht viel rein. Er verlässt sich auf seine Minister und vertraut darauf, dass diese ihre Arbeit gut machen.

Kanzlerin Angela Merkel und ihre Minister – dieses Foto entstand 2009.

Aber: Der Kanzler muss immer über alle Themen aus den Ministerien informiert sein. Oft trifft er sich mit seinen Ministern im Kanzleramt. Zusammen überlegen sie, welche wichtigen Entscheidungen für Deutschland getroffen werden müssen.

Bei gemeinsamen Abstimmungen mit seinen Ministern hat der Kanzler allerdings eine Extraportion Macht. Denn selbst dann, wenn bei einer Entscheidung alle anderen Regierungsmitglieder anderer Meinung sind: Der Kanzler hat das letzte Wort und könnte zur Not seinen Willen auch allein durchsetzen. Aber trotz dieser Macht ist es wohl keine schlechte Idee, sich die Meinung der Minister genau anzuhören und sich ihnen vielleicht doch noch anzuschließen.

Und was macht der Bundespräsident?

Der Bundespräsident ist einer der wichtigsten Politiker Deutschlands. Man nennt ihn den „ersten Mann im Staat". Das sieht man auch daran, dass auf dem Kennzeichen seines Dienstwagens immer die „0-1" steht (der Bundeskanzler hat die „0-2"). Außerdem arbeitet der Bundespräsident in einem richtigen Schloss: dem Schloss Bellevue in Berlin.

Bundespräsident Joachim Gauck

Der Bundespräsident wird normalerweise alle fünf Jahre gewählt. Extra dafür kommen über 1000 Menschen zusammen. Sie bilden die „Bundesversammlung". Die trifft sich wirklich nur zu diesem einen Zweck. In der Bundesversammlung sitzen einerseits alle Bundestags-

Das Schloss Bellevue ist der Sitz des Bundespräsidenten. Hier darf er sogar wohnen, wenn er mag.

mitglieder. Aber nicht nur! Die andere Hälfte sind meist keine Politiker, sondern Leute, die von den Bundesländern ausgesucht werden. Oft sind sogar echte Promis dabei. Als 2012 Joachim Gauck zum Bundespräsidenten gewählt wurde, durften unter anderem Fußballtrainer Otto Rehhagel, Schauspieler Jan Josef Liefers und Speerwurf-Europameisterin Linda Stahl mitwählen.

Schauspieler Jan Josef Liefers bei der Bundesversammlung zur Wahl des Bundespräsidenten

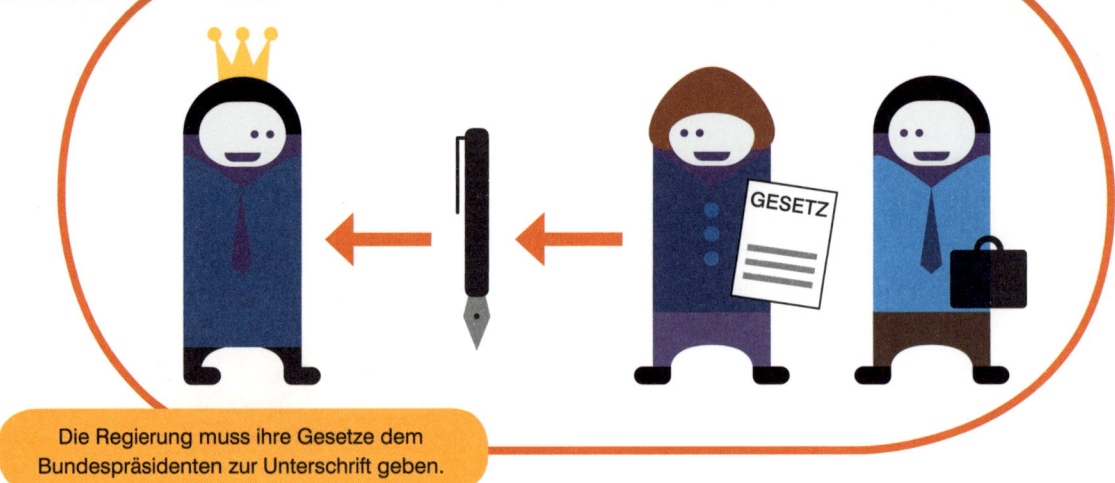

Die Regierung muss ihre Gesetze dem Bundespräsidenten zur Unterschrift geben.

Der Bundespräsident wacht darüber, dass alles in der Regierung seine Ordnung hat. Mit dem Regieren selbst hat er nichts am Hut, das erledigt der Bundeskanzler zusammen mit seinen Ministern.

Im Gegensatz zum Bundeskanzler soll der Bundespräsident unabhängig von den Parteien handeln, selbst wenn er in einer bestimmten Partei Mitglied ist. Er soll sich immer die Frage stellen: Was ist gut für Deutschland? Zum Beispiel dann, wenn der Bundestag ein neues Gesetz beschließt. Das kriegt der Bundespräsident vorgelegt und muss sicherstellen, dass es nicht gegen die wichtigsten Regeln aus der Verfassung verstößt. Wenn er ein Gesetz ungerecht findet, darf er es ablehnen, und das Gesetz muss überarbeitet werden. Erst wenn der Bundespräsident meint, dass mit dem Gesetz alles in Ordnung ist, setzt er seine Unterschrift darunter. Und nur damit ist das Gesetz gültig.

Außerdem ernennt der Bundespräsident den Bundeskanzler – den haben vorher die Bundestagsmitglieder gewählt. Und er ernennt die Minister – die hat vorher wiederum der Bundeskanzler bestimmt. Das heißt, er übergibt an all diese Politiker die offizielle Ernennungsurkunde.

Der Bundespräsident hat noch eine sehr, sehr wichtige Aufgabe: Er ist der Einzige, der für Neuwahlen sorgen kann, wenn die früher als geplant stattfinden sollen. Auch dabei muss er prüfen, ob Neuwahlen in Ordnung wären und ob sie wirklich das Beste für die Menschen in Deutschland sind.

Und der Bundespräsident vertritt Deutschland im In- und Ausland. Das heißt, wenn Politiker aus anderen Ländern nach Deutschland kom men, empfängt er sie im Namen Deutschlands. Außerdem reist er, genau wie der Kanzler, in andere Länder, um dort Politiker zu treffen. Aber während der Kanzler dort Verträge aushandelt und eine andere Regierung auch mal kritisieren darf, hält sich der Bundespräsident mit Kritik eher zurück. Man sagt, er „repräsentiert" Deutschland. Er soll Deutschland also vertreten und gut dastehen lassen.

Zudem hält der Bundespräsident an wichtigen Anlässen Reden zu Themen, die in Deutschland eine Rolle spielen, und sagt oft auch seine Meinung dazu.

Ihr seht also: Der Bundespräsident ist wirklich sehr wichtig und an vielen Entscheidungen beteiligt. Trotzdem: Wichtige Regierungsentscheidungen treffen oder selber Gesetze machen, das darf er nicht.

Weil man als Bundespräsident viel Erfahrung braucht und die Menschen einem vertrauen sollen, darf man erst im Alter von 40 Jahren Präsident werden. Außerdem darf ein Bundespräsident nur einmal wiedergewählt werden. Er kann also höchstens zehn Jahre lang im Amt bleiben. Diese lange Zeit waren das bis jetzt nur Theodor Heuss (1949–1959) und Richard von Weizsäcker (1984–1994).

Micha, 10: Wer ist denn nun der Chef von Deutschland?

Der Bundespräsident ist „der erste Mann im Staat". Das klingt wirklich wichtig, und das ist er auch. Aber obwohl er das „Staatsoberhaupt" ist, hat er nicht so viel zu bestimmen, wie man vielleicht meint. Der eigentliche „Chef" von Deutschland, also derjenige mit der größten Macht und der am meisten bestimmen darf, ist der Bundeskanzler.

Infoseite: Ein typischer Tagesablauf der Bundeskanzlerin

6 Uhr

gäähhn!

Der Wecker klingelt. Aufstehen!

7 Uhr

TAGES-ZEITUNG

Ankunft im Kanzleramt. Eine dicke Mappe mit Zeitungs-ausschnitten und Meldungen von Nachrichtenagenturen aus ganz Deutschland liegt schon auf dem Schreibtisch bereit. Das muss alles gelesen werden, und zwar bis 8.30 Uhr!

Zwischendurch Akten lesen, Dokumente unterschreiben, Entscheidungen fällen.

12 Uhr

Mittagessen mit dem tschechischen Staatspräsidenten. Überhaupt hat Frau Merkel jeden Tag unheimlich viele Termine, sechs bis acht sind ganz normal. Und für jedes Treffen muss sie hochkonzentriert und top vorbereitet sein.

KABINETT

9.30 Uhr

Kabinettssitzung mit den Ministern (die findet nur mittwochs statt). Gemeinsam überlegen die Kanzlerin und ihre Minister, welche Gesetze sie dem Bundestag zur Abstimmung vorlegen wollen. Die Kanzlerin hat übrigens eine große Glocke vor sich stehen. Die wird allerdings nur alle vier Jahre geläutet. Nämlich dann, wenn eine neue Regierung gewählt wurde und die neue Amtszeit „eingeläutet" wird. Zwischendurch Akten lesen, Dokumente unterschreiben, Entscheidungen fällen.

BERATERKREIS

8.30 Uhr

„Morgenlage": Treffen mit dem engsten Beraterkreis, um die wichtigsten Ereignisse und Termine, also die „Lage" des Tages zu besprechen.

Zwischendurch telefonieren! Und zwar mit Staatschefs in der ganzen Welt. Spricht Frau Merkel etwa alle Sprachen? Nein. Wenn Frau Merkel mit dem Chef von Kirgisistan telefoniert, ist ein Dolmetscher dabei, der die Landessprache Kirgisisch übersetzen kann.

14 Uhr

Besuch einer IT-Firma und Treffen mit den Firmenchefs

Zwischendurch Post beantworten. Etwa 1500 Briefe und 1000 E-Mails bekommt die Kanzlerin jeden Tag! Die kann sie natürlich nicht alle selbst beantworten. Die meiste Post sortieren ihre Mitarbeiter vor und beantworten sie für sie. Wenn ihr aber zum Beispiel ein Regierungschef eines anderen Landes schreibt, setzt sie sich auch schon mal selbst hin und antwortet ihm.

16 Uhr

Diskussionsveranstaltung mit Wirtschaftsleuten

Ihr seht also, der Job eines Bundeskanzlers oder einer Bundeskanzlerin ist ganz schön anstrengend. Während der Arbeitstag der meisten Menschen nach etwa neun Stunden vorbei ist, kann der bei der Kanzlerin schon mal 16 bis 18 Stunden dauern! Manchmal muss sie auch am Wochenende arbeiten. Und selbst nach Feierabend muss das Handy die ganze Zeit angeschaltet bleiben! Es könnte ja plötzlich irgendwo eine Krise ausbrechen, bei der sie schnell eine Entscheidung treffen muss.

21 Uhr

Abflug nach Washington D.C. für ein Treffen mit dem amerikanischen Präsidenten. Reisen gehören zum Arbeitsalltag von Frau Merkel. Ungefähr 25 verschiedene Länder besucht sie in einem Jahr! Kein Wunder, dass Frau Merkel im Urlaub gar keine Lust auf weite Reisen hat. Am liebsten geht sie gemeinsam mit ihrem Mann in Südtirol wandern.

19 Uhr

Aufnehmen des wöchentlichen Video-Podcasts, den man sich auf der Seite www.bundeskanzlerin.de anschauen kann. Darin redet die Bundeskanzlerin über aktuelle Themen und sagt ihre Meinung dazu.

Wie wird aus einem Problem ein Gesetz?

Lukas hat gesehen, wie eine Firma giftige Abwässer in einen Fluss in seinem Ort leitet und damit die Umwelt verschmutzt. Sogar Fische sterben! Weil Lukas will, dass das verboten wird, bittet er Herrn Hinz um Hilfe. Herr Hinz hat einen Rat für ihn: „Dafür brauchen wir ein Gesetz. Und die Gesetze werden im Bundestag gemacht. Am besten, du gehst zu unserer Abgeordneten Frau Schmidt hier aus dem Wahlkreis und sprichst mit ihr darüber!"

Lukas will die Fische retten. Ob Herr Hinz ihm helfen kann?

2 Jahre ▼   1 Jahr ▼   Wahltag ⊗

Euer Abgeordneter: Die Kontaktdaten des Abgeordneten eures Wahlkreises findet ihr unter www.bundestag.de/bundestag/ab-geordnete17/index.jsp. Gebt einfach eure Postleitzahl ein, und schon werden euch die Kontaktdaten des Abgeordneten in eurer Nähe angezeigt.
Mehr Infos zum Thema Wahlkreise findet ihr übrigens auf Seite 121.

Wie entsteht ein Gesetz?

Lukas hat einen Termin bei Frau Schmidt bekommen. Sie findet, Lukas hat recht: Gegen diese Umweltverschmutzung muss unbedingt etwas getan werden! Zurück im Bundestag in Berlin, bespricht sie das Problem mit ihrer Partei. Die anderen Parteimitglieder kennen das schon von anderen Fabriken, die auch mit dreckigem Abwasser Flüsse und Seen verschmutzen.

Frau Schmidt und ihre Kollegen schreiben einen ersten Entwurf für ein Gesetz, das so ein Verhalten verbietet. Diesen Entwurf legen sie allen Abgeordneten aus dem Bundestag vor. Dazu sagt man auch: Das Gesetz wird „in den Bundestag eingebracht".

Gefährlich wird es, wenn giftige Stoffe aus Fabriken ins Grundwasser gelangen.

Chemiker untersuchen das Wasser im Auftrag der Bundesregierung. Das Ergebnis kommt dann in den Umweltausschuss.

Jetzt geht's hinter verschlossenen Türen weiter. Die Abgeordneten tun sich in Gruppen zusammen, die man „Fraktionen" nennt. Dort wird beraten, was alles in einem solchen Gesetz stehen sollte.

Als Nächstes kommt der Gesetzentwurf in den Umweltausschuss. Hier sitzen die Abgeordneten, die sich besonders gut mit dem Thema „Umwelt" auskennen, zusammen mit ein paar Experten, die keine Politiker sind. Sie schauen sich alle Vorschläge aus den Gruppen noch einmal genau an und überlegen, wie man alle Ideen am besten in einem Gesetz zusammenfassen kann. Sie entscheiden sich schließlich hierfür: Alle Firmen müssen Filter einbauen, damit ihre Abwässer nicht mehr giftig sind!

Jetzt liest Frau Schmidt den fertigen Gesetzentwurf im großen Saal des Bundestags vor. Die Abgeordneten stimmen ab: Die Mehrheit findet das Gesetz gut so, wie es ist.

Im Bundestag stimmen die Abgeordneten gemeinsam ab, ob sie das neue Gesetz gut finden.

UMWELT-AUSSCHUSS

In einem nächsten Schritt landet das Gesetz auf dem Tisch des Bundespräsidenten. Der liest es noch einmal ordentlich durch und überprüft es. Wenn auch er sagt: „Das Gesetz ist gut!", dann unterschreibt er es und macht es damit gültig.

Und ganz zum Schluss sorgt der Bundespräsident noch dafür, dass das Gesetz im Bundesgesetzblatt veröffentlicht wird. Mit der Veröffentlichung in dieser Zeitschrift wird das Gesetz offiziell, denn jeder Bürger

Der Bundespräsident unterzeichnet das Gesetz: So wird es gültig.

GESETZ

kann es dort nachlesen. Unter www.bundesgesetzblatt.de könnt auch ihr euch kostenlos anschauen, welche Gesetze es gerade neu gibt. Bei unserem Beispielgesetz hat alles super funktioniert, und das Gesetz wurde gleich im ersten Anlauf angenommen. Oft wird solch ein Gesetz aber noch mehrmals hin- und hergereicht, und es wird viel diskutiert und gestritten, bis es von der Mehrheit der Abgeordneten endlich für gut befunden wird.

Das Wort „Fraktion" kommt aus dem Französischen und bedeutet „Teil eines Ganzen". Wenn Politiker im Bundestag oder im Landtag eine Gruppe gründen, nennt man diese Gruppe eine Fraktion. Die Politiker einer Fraktion haben gleiche oder ähnliche politische Ideen. Meist gehören sie derselben Partei an. (Es gibt aber auch Fraktionen mit Politikern aus unterschiedlichen Parteien: CDU und CSU bilden zum Beispiel im Bundestag zusammen die Fraktion CDU/CSU.)
Politiker dürfen im Bundestag erst dann eine Fraktion gründen, wenn mindestens fünf Prozent aller Abgeordneten mitmachen. Fraktionen haben bestimmte Rechte. Sie dürfen sich zum Beispiel in einem eigenen Raum zum Diskutieren treffen.

Darf der Bundestag allein über alle Gesetze bestimmen?

Nein, nicht immer. Zumindest dann nicht, wenn ein Gesetz sehr wichtig ist, weil es zum Beispiel die Bundesländer stark betrifft, die Grundgesetze verändert, oder wenn das Gesetz ein Vertrag mit anderen Ländern ist. In solchen Fällen muss auch der Bundesrat zustimmen. Im Bundesrat sitzen Vertreter aus den Landtagen aller 16 Bundesländer. Größere Bundesländer wie Bayern oder Baden-Württemberg dürfen bis zu sechs Vertreter schicken, kleinere wie Bremen oder Hamburg drei. Immer als Vertreter mit dabei ist der Ministerpräsident jedes Bundeslandes. Insgesamt sitzen 69 Politiker im Bundesrat. Der Bundesrat schaut sich die Gesetze, für die der Bundestag bereits sein Okay gegeben hat, genau an und stimmt dann auch darüber ab. Wenn die Mitglieder des Bundesrats das Gesetz nicht gut finden, müssen ein paar von ihnen zusammen mit einigen Mitgliedern des Bundestags in einem „Vermittlungsausschuss" das Gesetz noch mal prüfen und schauen, ob man es so ändern kann, dass es bei der nächsten Abstimmung eine Mehrheit bekommt.

Manchmal kann es ganz schön schwierig werden, ein Gesetz erst durch den Bundestag und dann auch noch durch den Bundesrat zu bringen. Das ist zum Beispiel dann der Fall, wenn im Bundestag die eine Partei die meisten Abgeordneten und damit das Sagen hat, im Bundesrat aber vor allem Leute aus einer anderen Partei sitzen. Dann kann daraus ein richtiges Pingpong-Spiel werden: Der Bundestag schlägt ein Gesetz vor, der Bundesrat blockt es ab. Der Vermittlungsausschuss macht einen neuen Vorschlag, der Bundesrat blockt den Vorschlag wieder ab. Und so weiter. Bei den Gesetzen, die die Zustimmung beider Versammlungen (also Bundestag und Bundesrat) brauchen, kann das Gesetz nicht in Kraft treten, solange es keine Einigung zwischen den beiden gibt.

Isabelle, 11: Wozu braucht man überhaupt Gesetze?

Gesetze sind Regeln, die dafür sorgen, dass alle Menschen friedlich und sicher miteinander in einer Gemeinschaft leben können. Ohne solche Regeln gäbe es ein ziemliches Durcheinander. Im Straßenverkehr zum Beispiel: Würde jeder so fahren, wie es ihm passt, käme es ständig zu Unfällen, und wahrscheinlich ginge es ziemlich chaotisch zu auf den Straßen. Doch solange sich beispielsweise alle an die Regel halten, rechts zu fahren, kommt jeder ans Ziel.

Viele Gesetze sollen außerdem die Schwächeren unter uns schützen, denn ohne Gesetze könnte sich der Stärkste alles erlauben, weil niemand ihn bestrafen würde. Gesetze können auch Verpflichtungen sein, wie etwa die Schulpflicht. Die ist dafür gut, dass alle Kinder zur Schule gehen und die Chance haben, etwas zu lernen.

Stellt euch mal vor, der Schiedsrichter beim Fußball dürfte sich gleichzeitig auch die Spielregeln ausdenken und dazu noch in einer der beiden Mannschaften mitspielen. Das würde nicht funktionieren. Bei so viel Macht wäre es eine riesige Versuchung, ein bisschen zugunsten der eigenen Mannschaft zu schummeln. Und selbst wenn sich der Schiri wirklich bemühen würde, gerecht für beide Mannschaften zu pfeifen, würde ihm das kaum jemand glauben, und viele wären trotzdem davon überzeugt, dass er die eigene Mannschaft bevorzugt. Es ist also besser, wenn ein Unbeteiligter die Spielregeln aufstellt, der Schiri über die Einhaltung der Regeln wacht und die Spieler mit alldem nichts am Hut haben.

Genauso ist es in der Demokratie: Auch dort darf nicht derselbe, der die Gesetze macht, gleichzeitig darüber wachen, dass sie von allen eingehalten werden, und Leute bestrafen, die gegen die Gesetze verstoßen haben. Ansonsten hätte eine einzelne Person oder Einrichtung viel zu viel Macht. Denn politische Verantwortung zu tragen bedeutet immer auch, Macht über andere Menschen zu haben.

In der Vergangenheit gab es immer wieder Fälle, in denen Könige, Präsidenten oder andere Machthaber es ausgenutzt haben, wenn sie allein bestimmen durften. Damit das nicht mehr passieren kann, hat man in Deutschland und vielen anderen demokratischen Ländern Folgendes beschlossen: Macht darf nur auf Zeit vergeben werden (Politiker werden zum Beispiel alle vier Jahre neu in den Bundestag gewählt), sie sollte auf mehrere Personen verteilt werden, und diejeni-

In Diktaturen gibt es keine Gewaltenteilung. Ein Herrscher bestimmt alleine, das Volk hat auf seine Entscheidungen keinen Einfluss.

LEGISLATIVE
EXEKUTIVE
JUDIKATIVE

LEGISLATIVE   EXEKUTIVE   JUDIKATIVE

Die drei Säulen kontrollieren sich gegenseitig.

gen, an die Macht vergeben wird, müssen kontrolliert werden. Darum gibt es bei uns in Deutschland die sogenannte „Gewaltenteilung". Mit Gewalt ist dabei natürlich nicht Prügelei gemeint. Sondern Teilung der Gewalt bedeutet in diesem Fall Teilung der Macht. Es ist eine Aufteilung der Macht auf drei Stellen, und diese drei Stellen können und müssen sich gegenseitig kontrollieren.

Zum einen gibt es die Leute, die die Gesetze machen. Das sind die Politiker im Parlament. Die dürfen aber nicht zugleich überwachen, ob die Gesetze auch eingehalten werden. Das ist Aufgabe der Polizei. Und die Polizei darf später nicht diejenigen bestrafen, die gegen die Gesetze verstoßen haben. Dafür gibt es Richter und Gerichte.

Diese drei Gewalten werden auch als „drei Säulen" bezeichnet, denn auf diesen Säulen steht die Demokratie. Wackelt eine der Säulen, kann ein ganzer Staat zusammenbrechen!

Noch mal langsam und mit Fremdwörtern. Die drei Säulen sind:

Die Legislative: Das ist die gesetzgebende Gewalt, also diejenigen, die die Gesetze machen. Wie die Legislative arbeitet, habt ihr am Beispiel von Frau Schmidt sehen können. Diese Aufgabe erfüllen die Abgeordneten im Bundestag, außerdem die Mitglieder des Bundesrats und die Landtage.

Die Exekutive: Das ist die ausführende Gewalt. Sie soll dafür sorgen, dass die Gesetze eingehalten werden. Dazu gehören die Polizei und die öffentliche Verwaltung, aber auch die Bundesregierung, die Landesregierungen oder je nach Problem auch die Kreis- und Städteregierungen.

Die Judikative: Das ist die rechtsprechende Gewalt. Dafür sind Staatsanwälte und Richter zuständig. Wenn jemand gegen ein Gesetz verstoßen hat, bestimmen sie die gerechte Strafe.

Wo findet man die wichtigsten Gesetze?

Es gibt wichtigere Gesetze und nicht ganz so wichtige. Die allerwichtigsten stehen im „Grundgesetz". Das wird auch „Verfassung" genannt. Im Grundgesetz sind alle Rechte aufgelistet, die für die Menschen in ganz Deutschland gelten. Zum Beispiel, dass jeder seine Meinung sagen darf. Der erste und wichtigste Artikel heißt: „Die Würde des Menschen ist unantastbar." Das heißt, jeder Mensch muss mit Respekt behandelt werden.

Im Grundgesetz wird auch geregelt, wie die Wahl von Politikern ablaufen muss und welche Regeln die Politiker bei ihrer Arbeit zu beachten haben.

Alle anderen Gesetze müssen sich nach dem Grundgesetz richten. In keinem Gesetz in ganz Deutschland darf also etwas drinstehen, was dem Grundgesetz widerspricht.

Wer wacht darüber, dass niemand das Grundgesetz missachtet?

In Deutschland gibt es eine Art „Grundgesetzpolizei": Sie passt auf, dass kein Gesetz, das sich Politiker ausdenken, gegen das Grundgesetz verstößt – dass also die Menschen- und Bürgerrechte eingehalten werden. Diesen Job machen die 16 Richterinnen und Richter des Bundesverfassungsgerichts in Karlsruhe. Dass sich dieses Gericht ausschließlich mit der Verfassung beschäftigt, sagt schon sein Name. Das Bundesverfassungsgericht ist das wichtigste Gericht in ganz Deutschland. Wenn ein Bürger der Meinung ist, dass etwas gegen die Regeln im Grundgesetz verstößt, kann er die Richter des Bundesverfassungsgerichts bitten, das genauer zu untersuchen. Zum Beispiel, wenn jemand glaubt, seine Freiheit würde durch ein neues Gesetz eingeschränkt. Oder wenn jemand den Verdacht hat, bei einer Wahl sei geschummelt worden.

Stellen die Bundesverfassungsrichter fest, dass etwas wirklich gegen das Grundgesetz verstößt, gehen sie dagegen vor. Die Richter können zum Beispiel fordern, dass eine politische Entscheidung geändert

Mit ihren roten Roben zeigen die Richter, dass das Bundesverfassungsgericht besonders wichtig ist und sich von anderen Gerichten unterscheidet.

werden muss. Und zwar so, dass sie wieder mit dem Grundgesetz übereinstimmt. Es gibt keine Möglichkeit, die Entscheidungen des Bundesverfassungsgerichts in Deutschland noch einmal zu ändern.

Wie bereiten sich die Politiker auf den Wahlkampf vor?

Die PFF ist mittlerweile richtig bekannt. Sie will jetzt ganz oben mitmischen und bereitet sich auf den Wahlkampf vor. Zuerst überlegen sich ihre Mitglieder, was für sie die wichtigsten Wahlkampfthemen sein sollen. Das Ergebnis: kostenloses Mittagessen in den Schulen und eine Betreuungsstelle für gestresste Eltern. Diese beiden Themen möchte die PFF gern umsetzen, wenn sie nach der Wahl im Bundestag etwas zu sagen hat. Neben solchen Spezialthemen gibt es aber auch ganz allgemeine Wahlkampfthemen, die fast in jedem Bundestagswahlkampf und für jede Partei eine Rolle spielen, weil sie besonders viele Menschen etwas angehen.

Was sind typische Wahlkampfthemen?

Arbeitslosigkeit:

Wer als Erwachsener eine Arbeit sucht und keine findet oder bei seiner Arbeitsstelle entlassen wurde, ist arbeitslos. Damit arbeitslose Menschen leben können, brauchen sie Geld vom Staat. Das ist meist weniger Geld, als sie mit einer Arbeitsstelle verdienen würden. Aber von diesem Geld können sie ihre Wohnung, ihr Essen und die wichtigsten Dinge zum Leben bezahlen.
Die Parteien haben unterschiedliche Ideen, wie man die Arbeitslosigkeit bekämpfen sollte. Eine Idee ist, die großen Unternehmen stärker zu unterstützen. Denn wenn es denen gut geht, können sie mehr Arbeitsplätze schaffen. Eine andere Idee ist, Arbeitslosen Angebote zur Weiterbildung zu machen – sie sollen also zusätzliche Fähigkeiten lernen. Der Gedanke dabei ist: Je besser jemand ausgebildet ist, desto leichter könnte er einen neuen Job finden.

Arbeitslose Menschen können bei der „Agentur für Arbeit" einen neuen Job suchen. In der Zwischenzeit bekommen sie Geld vom Staat für die wichtigsten Dinge.

ARBEIT

AGENTUR FÜR ARBEIT

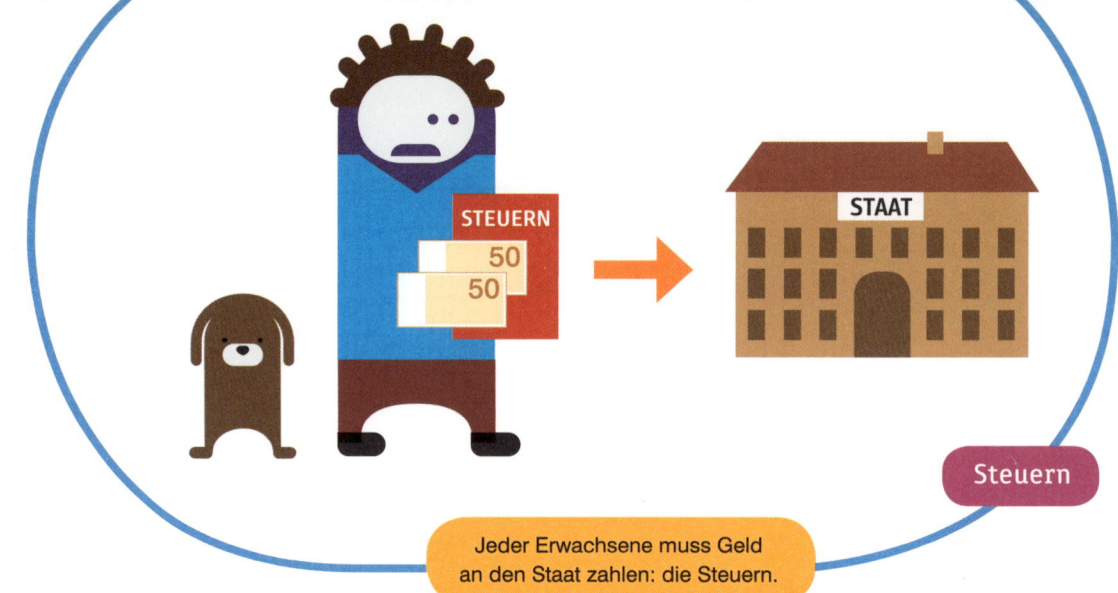

Jeder Erwachsene muss Geld
an den Staat zahlen: die Steuern.

Steuern:

Alle erwachsenen Bürger zahlen regelmäßig bestimmte Beträge an
den Staat. Dieses Geld für den Staat nennt man „Steuern". Damit
kann der Staat seine Aufgaben erfüllen. Zum Beispiel werden damit
kaputte Straßen repariert oder auch Lehrer, Polizisten und andere Leute, die für den Staat arbeiten, bezahlt.

Manche Parteien finden, die Bürger sollten mehr Steuern zahlen. Denn
dann kann der Staat auch mehr für seine Bürger tun. Andere Parteien
finden, die Bürger sollten weniger Steuern zahlen. Denn dann kann
jeder Mensch mehr Geld für sich selbst behalten und ausgeben, und
das ist wiederum gut für die Wirtschaft. (Was es heißt, wenn etwas
„gut für die Wirtschaft" ist, erfahrt ihr in Kapitel 8.)

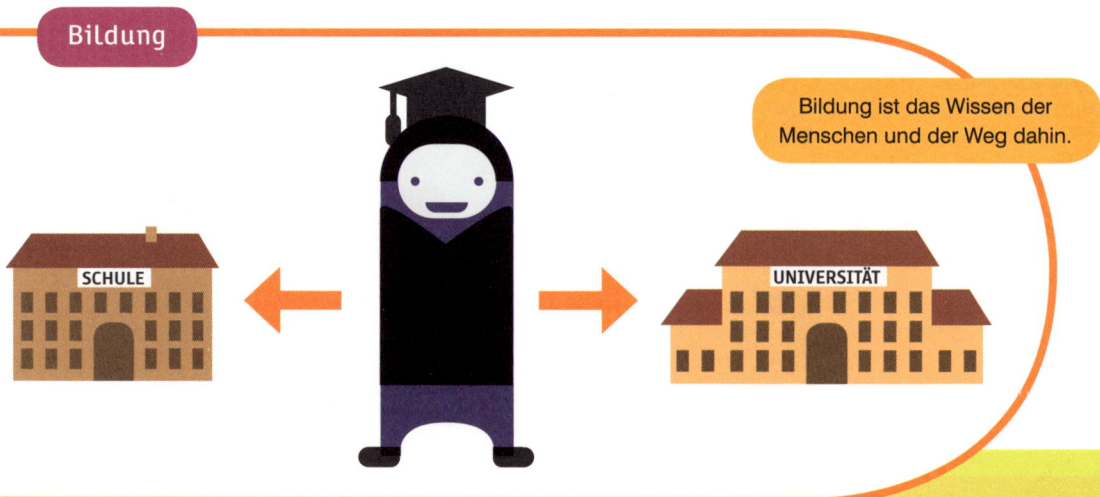

Bildung ist das Wissen der
Menschen und der Weg dahin.

Bildung:

Mit „Bildung" meint man erst mal das gesamte Wissen eines Menschen. Wenn jemand also viel weiß, ist er sehr gebildet. Als Bildung bezeichnet man aber auch den Weg, der zu diesem Wissen führt: zum Beispiel das Lernen zu Hause und in der Schule, in einer Lehre oder an der Universität.

Manche Parteien setzen sich zum Beispiel dafür ein, dass Schüler nicht mehr sitzen bleiben können. Sie finden, stattdessen sollten Schüler mit Lernproblemen besser gefördert werden. Andere Parteien finden das Sitzenbleiben gut, weil so Schüler den Unterrichtsstoff noch mal in Ruhe wiederholen können. Die Idee von Schulen ohne Sitzenbleiben wird mittlerweile in manchen Bundesländern schon umgesetzt.

Rente

RENTENTOPF

67+

Ab etwa 67 Jahren bekommt man Geld aus dem Rententopf.

Rente:

Wenn ihr später mal Geld verdient, kommt ein Teil eures Gehalts nicht auf euer Konto, sondern direkt in einen großen Gemeinschaftstopf – nennen wir ihn „Rententopf". Davon werden die Menschen bezahlt, die nicht mehr arbeiten, weil sie ein bestimmtes Alter erreicht haben:

Die Mitglieder einer Partei treffen sich auf riesigen Veranstaltungen, um Entscheidungen zu fällen und ihren Spitzenkandidaten zu wählen. Diese Treffen nennt man „Parteitag".

die Rentner. Noch viel später, wenn ihr selbst etwa 67 Jahre alt seid und genug gearbeitet habt, bekommt auch ihr aus diesem Topf jeden Monat einen bestimmten Betrag. Dieser wird von den Leuten eingezahlt, die dann jung sind und arbeiten gehen. Das ist eure „Rente". Wie viel Geld das ist? Das kommt zum Beispiel darauf an, wie viele junge Leute es dann gibt, die arbeiten gehen, und wie lange man selbst in den „Rententopf" Geld eingezahlt hat.

Weil in Deutschland heute immer weniger Kinder geboren werden, wird es später auch weniger Erwachsene geben, die arbeiten gehen und Geld in den „Rententopf" einzahlen. Die Rentner später müssen also wahrscheinlich mit immer weniger Geld auskommen. Und das ist ein großes Problem.

Manche Parteien finden daher, dieses Rentensystem funktioniert so nicht mehr, und man sollte sich was Neues überlegen. Manche meinen: Jeder muss für sich selbst zusätzlich Geld sparen, damit er als Rentner nicht nur auf das Geld aus dem „Rententopf" angewiesen ist. Und manche sagen: Es müssen mehr Menschen aus anderen Ländern zum Arbeiten nach Deutschland kommen, damit wieder mehr in den „Rententopf" eingezahlt wird.

Über einige typische Wahlkampfthemen und ihre Meinung dazu diskutiert die PFF auf ihrem Parteitag.

Was passiert auf einem Parteitag?

Bei einem Parteitag treffen sich ein- oder zweimal im Jahr die Mitglieder einer Partei – das ist ein bisschen so wie bei einem Familientreffen. Nur, dass dort nicht etwa über Tante Ernas neuen Pudel oder Omas neue Frisur geredet wird, sondern über Politik. Außerdem kommen bei einem Parteitag viel mehr Leute zusammen als bei einem Familientreffen. Denn obwohl nie wirklich alle Mitglieder einer Partei teilnehmen (die würden zumindest bei den Bundestagsparteien auch gar nicht in einen Saal passen!), können es locker mal bis zu 1000 Leute werden! Wenn in einer Schulklasse etwa 30 Leute sind, dann müsst ihr euch also mehr als 33 Schulklassen in einem Raum vorstellen. Nur mal so nebenbei: Wie laut das manchmal werden kann, selbst bei Erwachsenen, könnt ihr euch denken …

Und obwohl das Ganze „Parteitag" heißt, würde „Parteitage" es eher treffen: Diese Versammlungen dauern nämlich oft mehrere Tage, und meist wird auch abends und bis tief in die Nacht hinein noch diskutiert. In solchen Diskussionen geht es zum Beispiel darum, welche Ziele sich die Partei für die Zukunft setzt.

Außerdem werden auf Parteitagen eine ganze Menge Reden gehalten, und die Parteivorsitzenden können neu gewählt werden.

Neben den Parteimitgliedern sind immer auch eine Menge Journalisten, Fotografen und Kameraleute anwesend, die über den Parteitag berichten. Die Mitglieder müssen also bei den Reden, die sie halten, nicht nur überlegen, wie das bei ihren Parteifreunden ankommt, sondern auch daran denken, wie die Wähler ihre Reden finden könnten, wenn sie diese später im Radio hören, in der Zeitung lesen oder im Fernsehen sehen. Ganz schön aufregend.

Vor einer Wahl wie der Bundestagswahl wählen die Parteimitglieder auf einem großen Bundesparteitag oft denjenigen, der ihr Kanzlerkandidat sein soll. Mit dieser Wahl sagen sie den Wählern: „Wenn uns genügend Leute wählen, dann wird der Herr oder die Frau Soundso euer neuer Kanzler." (Da sich kleine Parteien wie die PFF kaum Hoffnung darauf machen können, dass einer von ihnen Kanzler wird, heißt bei ihnen der Kanzlerkandidat „Spitzenkandidat".)

Bei einem Bundesparteitag wird auch endgültig festgelegt, mit welchen aktuellen Themen die Partei in den kommenden Wahlkampf ziehen will.

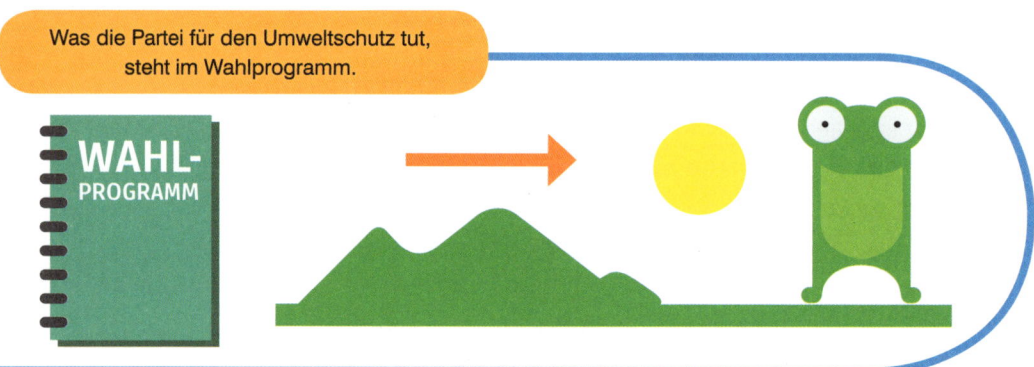

Was die Partei für den Umweltschutz tut, steht im Wahlprogramm.

Was ist ein Wahlprogramm?

In einem Wahlprogramm schreibt jede Partei auf, was ihre Ziele und Ideen sind, und was sie nach einem Wahlsieg konkret machen will. Zum Beispiel kann darin stehen, was die Partei für den Umweltschutz tun will. Oder wie sie sich die Zukunft der Schulen vorstellt. Schließlich hat jede Partei eine ganz eigene Meinung darüber, was das Beste für Deutschland ist.

Meist konzentrieren sich die Parteien jeweils auf etwa zwei bis drei konkrete Ideen, denn zu viele kann sich schließlich kein Wähler merken. Oft sind typische Wahlkampfthemen dabei wie die, die wir euch am Anfang des Kapitels vorgestellt haben.

Die Wähler sollen mithilfe der einzelnen Programme einen guten Überblick darüber bekommen, was sie von den Parteien nach der Wahl erwarten können. Auf diese Weise sollen sie sich besser entscheiden können, welcher Partei sie bei der Wahl ihre Stimme geben möchten.

Mit dem Wahlprogramm machen die Parteien also Werbung für sich. Der Unterschied zum Parteiprogramm ist: Im Parteiprogramm stehen die ganz allgemeinen Ziele der Partei, und es gilt oft über mehrere Jahrzehnte. Im Wahlprogramm aber geht es um die konkreten Ziele, die die Partei nach der Bundestagswahl umsetzen möchte.

Nick, 10: Warum reden Politiker oft so komisch?

„Komisch" heißt meist vor allem, dass die Politiker ziemlich undeutlich reden. Nicht, dass sie nuscheln oder lispeln! Sondern sie drücken Dinge manchmal nicht ganz klar und eindeutig aus. Je verschwurbelter ein Politiker redet, umso weniger kann man ihm später vorwerfen. Wenn euch zum Beispiel zu Hause das Mittagessen nicht schmeckt, würdet ihr vielleicht sagen: „Das Essen schmeckt echt eklig." Eure Eltern würde das sicher nicht freuen, und vielleicht bekommt ihr auch richtig Ärger. Wärt ihr ein Politiker, würdet ihr möglicherweise über dasselbe Essen sagen: „Ich glaube, zentrale Bereiche dieses Essens sind optimierungswürdig, ich sehe da Potenzial nach oben." Ihr meint dasselbe, aber Ärger kriegt ihr mit so einem undeutlichen Satz wahrscheinlich nicht.

Was ist Wahlkampf?

Die PFF hat sich auf dem großen Parteitag über ihre wichtigsten Themen für die Wahl verständigt und Herrn Hinz zu ihrem Spitzenkandidaten gewählt. Jetzt geht es darum, den Menschen in Deutschland zu erzählen, was die Partei verändern möchte und wie sie das anstellen will. Herr Hinz wird in den kommenden Monaten viele Reden halten und versuchen, mit möglichst vielen Menschen ins Gespräch zu kommen. Aber wie jede Partei macht auch die PFF noch viele andere Dinge, um den Wählern in Erinnerung zu bleiben und sie von sich zu überzeugen. All das nennt man Wahlkampf!

Spitzenkandidat Herr Hinz

Wie bereitet sich ein Spitzenpolitiker auf den Wahlkampf vor?

Als Spitzenkandidat der PFF tritt Herr Hinz in den kommenden Monaten besonders viel in der Öffentlichkeit auf: Bei Reden, in Interviews, auf Fotos – überall sieht man sein Gesicht. Damit er sich dabei nicht blamiert, kann er sich mit professioneller Hilfe vorbereiten. Wir haben uns für Herrn Hinz mal eine Politiker-Wahlkampf-Herausputzmaschine ausgedacht. Los geht's!
Erstens, Grundwaschgang: reden üben. Dafür gibt es extra Sprechtrainer. Sie trainieren mit Herrn Hinz einerseits, deutlich und mit überzeugender Stimme zu sprechen. Andererseits geht's um das, was er sagt, also um die Inhalte. Die lernt Herr Hinz so zu erklären, dass sie gut rüberkommen und dass die Wähler sie verstehen.
Zweitens, Glanzwaschgang: sich bewegen üben. Wenn Herr Hinz mit gekrümmtem Rücken und auf leisen Sohlen in einen Saal geschlichen

Swax¿ sgn!

Politiker-Wahlkampf-Herausputzmaschine

Reden üben   Sich bewegen üben   Klamotten

kommt, nimmt ihn natürlich keiner wahr. Darum gibt's auch hierfür extra Trainer, die zusammen mit Politikern an ihrem Auftreten feilen, damit sie selbstbewusster wirken.

Drittens, die Politur: Klamotten. Ein Politiker sollte immer anständig und gepflegt auftreten. Denn die Menschen achten bei der Wahl auch auf das Aussehen der Politiker. Besonderes Zubehör: die gestreifte Krawatte! Wissenschaftler haben mal herausgefunden, dass Krawatten mit Streifen, die schräg nach oben zeigen, besonders positiv wirken. Deshalb tragen Politiker häufig solche Krawatten. Achtet mal darauf!

Fertig. Herr Hinz blitzt und blinkt und ist bereit für den Wahlkampf.

Kämpfen ohne Beulen – Warum machen Parteien Wahlkampf?

Jede Partei möchte vor einer Wahl besonders viele Menschen von sich überzeugen. Einerseits will sie ihren treuen Wählern zeigen, dass es sich auch diesmal wieder lohnt, sie zu wählen. Andererseits versucht jede Partei, zusätzliche Stimmen von Leuten zu gewinnen, die sie bisher noch nicht oder nicht so oft gewählt haben. Diese Leute zu umwerben wird immer wichtiger, denn das Wahlverhalten der Menschen verändert sich.

Die Spitzenpolitikerin Hannelore Kraft hält eine Wahlkampfrede für ihre Partei.

Früher blieben die meisten Wähler ein und derselben Partei über viele Jahre hinweg treu, selbst wenn sie mal das aktuelle Wahlprogramm oder den neuen Spitzenpolitiker nicht ganz so gut fanden. Mittlerweile ist das anders: Viele Wähler entscheiden sich von Wahl zu Wahl unterschiedlich. Oft wissen sie eine Woche vor der Wahl immer noch nicht genau, für wen sie am Wahlsonntag ihr Kreuzchen machen werden

Darum wird der Wahlkampf, also der Kampf um Wählerstimmen, immer wichtiger.

Wahlkämpfer kämpfen natürlich nie mit den Fäusten. Ihre Waffen sind gute Reden und Argumente. Die Parteien wollen im Wahlkampf möglichst viele Menschen von ihren Ideen überzeugen. Dazu muss eine Partei vor allem ihr Wahlprogramm bekannter machen – also das, wofür sie sich einsetzen will, wenn sie nach der Wahl im Bundestag etwas zu sagen hat. Deshalb halten die wichtigsten Politiker der Partei öffentliche Ansprachen in Fußgängerzonen, sie stehen auf Diskussionsveranstaltungen den Bürgern Rede und Antwort, und die allerwichtigsten von ihnen, die Spitzenpolitiker, treten sogar im Fernsehen auf.

Darüber hinaus gibt es noch viele andere Möglichkeiten, auf sich aufmerksam zu machen: Plakate, Flyer, Anzeigen in Zeitungen, Werbespots im Fernsehen und, und, und. Ganz schön viel Arbeit für die Parteien ...

Wie funktioniert Wahlwerbung?

„Geiz ist geil!", „3, 2, 1 – meins", „Schrei vor Glück!"
Solche Werbesprüche würde sich sicher kein Politiker für seine Partei einfallen lassen. Allein schon, weil Parteien im Wahlkampf nicht für

Eine Werbeagentur entwirft für die PFF zum Beispiel Plakate, Flyer und Anzeigen.

WERBEAGENTUR

FÜR KINDER

HERR HINZ

PFF

„Arbeit und Wohlstand für alle!"

„Weil gute und kostenlose Bildung ein Recht ist. Deshalb SPD."

Joghurt oder DVD-Player werben, sondern für sich selbst und ihre Ideen. Und trotzdem: Zwar haben unsere Beispiel-Werbesprüche nichts mit Politik zu tun – aber Werbung und Werbesprüche spielen auch im Wahlkampf eine wichtige Rolle. Die meisten großen Parteien lassen sich nämlich mittlerweile von professionellen Werbeagenturen unterstützen. Solche Werbeagenturen machen normalerweise Werbung für ganz alltägliche Produkte wie Zahnpasta oder Schokoriegel.

Die Zusammenarbeit einer Partei mit einer Werbeagentur funktioniert so: Die Partei gibt ihre Ideen und ihr Wahlprogramm an die Werbeagentur. Gemeinsam beratschlagen sie: Was soll der „Wahlslogan", also der Erkennungsspruch für den Wahlkampf, sein? Wie packt eine Partei ihre wichtigsten Forderungen in ein bis zwei kurze Sätze, die man dann auf die Wahlplakate schreiben kann?

Zum Beispiel hatte die CDU mal den Slogan „Arbeit und Wohlstand für alle!" (2002). Auf Plakaten der SPD stand 2009: „Weil gute und kostenlose Bildung ein Recht ist. Deshalb SPD." Klare Ansagen, das ist das Wichtigste.

Witzige Idee: Badeenten als Werbefläche für die Partei

Spitzenkandidat Guido Westerwelle mit seinem „Guidomobil" im Jahr 2002. Mit so ausgefallenen Ideen ist die Aufmerksamkeit der Medien sicher!

Aber es gibt noch mehr zu entscheiden: Wie sollen die Plakate aussehen? Sollen in den Fußgängerzonen Kugelschreiber, Aufkleber oder Blümchen verteilt werden? In welchen Zeitungen, Radiosendern und Werbeblöcken soll Werbung der Partei erscheinen? Außerdem: Auf welchen Veranstaltungen ist es besonders wichtig, Reden zu halten? Und wer soll sie halten?

Manchmal denken sich die Agenturen für „ihre" Partei noch andere Dinge aus: Vor der Bundestagswahl 2002 zum Beispiel fuhr der damalige FDP-Spitzenkandidat Guido Westerwelle dank der FDP-Werbeagentur mit einem gelb-blauen Wohnmobil namens „Guidomobil" quer durch Deutschland. Er kleidete sich oft in passenden Farben und klebte sich eine gelbe „18" unter seine Schuhsohlen. Damit wollte er sagen: „Die FDP will bei der nächsten Bundestagswahl 18 Prozent der Stimmen bekommen." Funktioniert hat diese Aktion aber nicht – die FDP schaffte es damals letztlich auf sieben Prozent der Wählerstimmen.

Ohne Moos nix los?

Im Wahlkampf streiten die Politiker häufig. Da können manchmal richtig die Fetzen fliegen! (Nur Wort-Fetzen, natürlich.) Eines der wichtigsten Themen bei diesen Streitgesprächen ist dabei das liebe Geld. Die Politiker reden dann oft von der „Wirtschaft". Und obwohl die PFF eine Familienpartei ist und eigentlich gar nicht so viel mit Firmen und Unternehmenschefs zu tun haben will, mischt auch sie beim Thema Wirtschaft kräftig mit.

Wieso ist die Wirtschaft eigentlich so wichtig? Und was hat Politik damit zu tun? In diesem Kapitel erklären wir es euch.

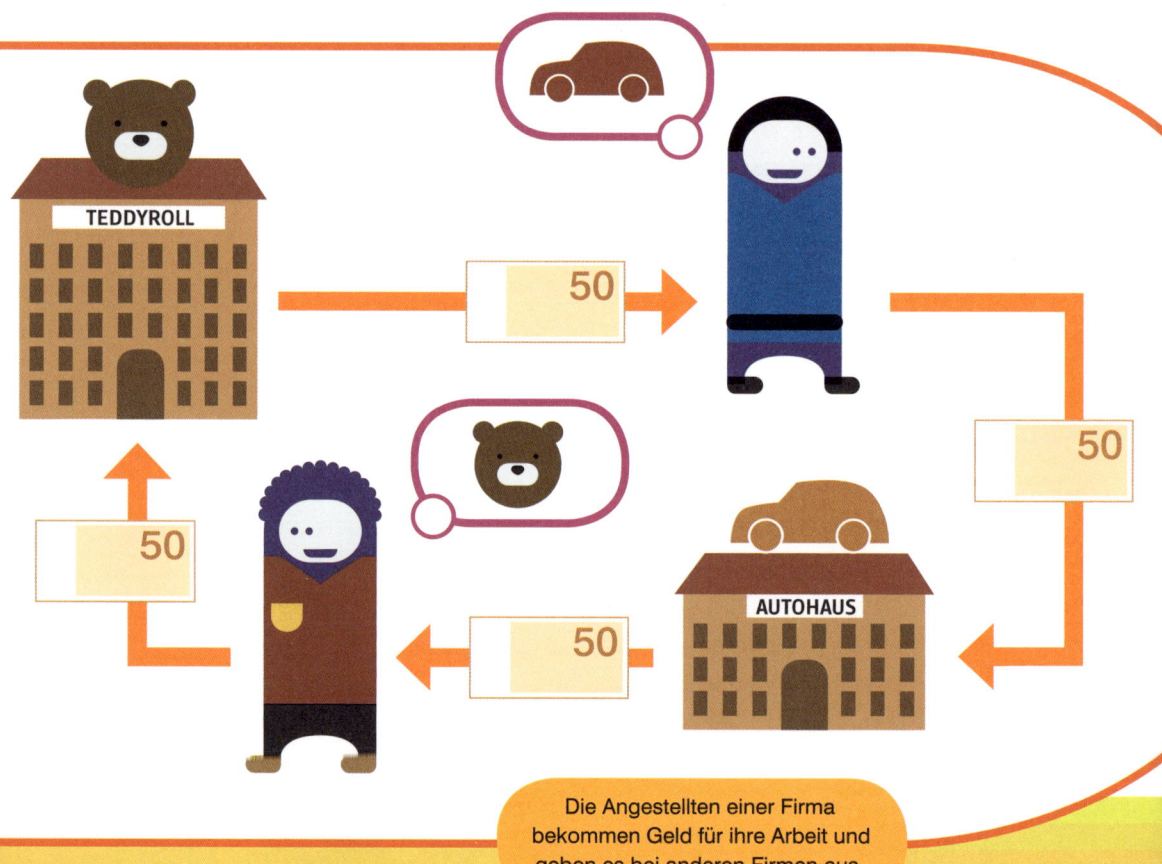

Die Angestellten einer Firma bekommen Geld für ihre Arbeit und geben es bei anderen Firmen aus.

Was bedeutet „Wirtschaft"?

Wirtschaft, das ist der Kreislauf zwischen dem Kaufen und Verkaufen von Waren.

Unser Kreislauf fängt an bei der Spielzeugfirma Teddyroll. Die stellt Spielsachen her und verkauft sie.

Das Geld, das Teddyroll von ihren Kunden bekommt, behalten die Firmenchefs nicht einfach, sondern sie kaufen davon Material für neue Spielsachen. Zum Beispiel Stoffe für neue Puppenkleider. Außerdem bezahlen sie von dem Geld ihre Angestellten, die Miete für ihr Firmengebäude und, und, und.

Mit dem Geld, das die Angestellten verdienen, kaufen die wiederum Sachen bei anderen Firmen. Zum Beispiel ein Buch oder auch mal ein neues Auto. Mit diesem Geld können die Besitzer des Buchladens oder des Autohauses dann wieder neue Dinge für ihr Geschäft kaufen und ihre Angestellten bezahlen. Diese Angestellten kaufen von ihrem Geld vielleicht auch mal einen Teddy bei Teddyroll für ihre Kinder. Und so weiter.

Mit Wirtschaft hat also jeder zu tun, der etwas kauft oder verkauft. Auch ihr!

Wenn Firmen viele Dinge verkaufen und mehr Menschen einstellen können, geht es der Wirtschaft gut.

Wenn in der Zeitung steht: „Der Wirtschaft geht es gut", heißt das: Die Firmen können besonders viele Waren verkaufen und bekommen dafür besonders viel Geld. Die Firma Teddyroll kann dann nicht nur ihre Angestellten bezahlen und neues Material kaufen, sondern zum Beispiel noch ihre Fabrik vergrößern.

In der größeren Fabrik kann sie mehr Spielsachen herstellen. Und weil es viel mehr zu tun gibt, braucht sie dafür auch mehr Leute. Das heißt, es gibt neue Arbeitsplätze. Also verdienen mehr Leute Geld. Darum können dann auch mehr Leute Geld bei anderen Firmen ausgeben, und so weiter.

Wenn ihr aber lest oder hört: „Der Wirtschaft geht es schlecht", bedeutet das: Eine Firma wie Teddyroll verkauft gerade nicht so viel und hat deshalb weniger Geld. Vielleicht sogar so wenig, dass sie ihre Mitarbeiter nicht mehr bezahlen kann und einige entlassen muss. Die arbeitslosen Mitarbeiter haben dann weniger Geld als vorher und können sich nicht mehr so viele neue Sachen in Geschäften kaufen. Das ist schlecht für die anderen Firmen, die wiederum ihre Sachen verkaufen wollen.

Es ist also für eine ganze Reihe von Leuten wichtig, dass es der Wirtschaft gut geht. Für die Firmenchefs, für die Angestellten und auch für ihre Familien.

Haushalt?

Wenn es der deutschen Wirtschaft schlecht geht, geht es auch vielen Menschen in Deutschland schlecht. Zum Beispiel gibt es mehr arbeitslose Menschen. Aus diesem Grund finden es viele Politiker wichtig, dass es der Wirtschaft gut geht. Aber es gibt noch weitere Gründe: Je besser es der Wirtschaft geht, desto besser ist das für den Staatshaushalt.

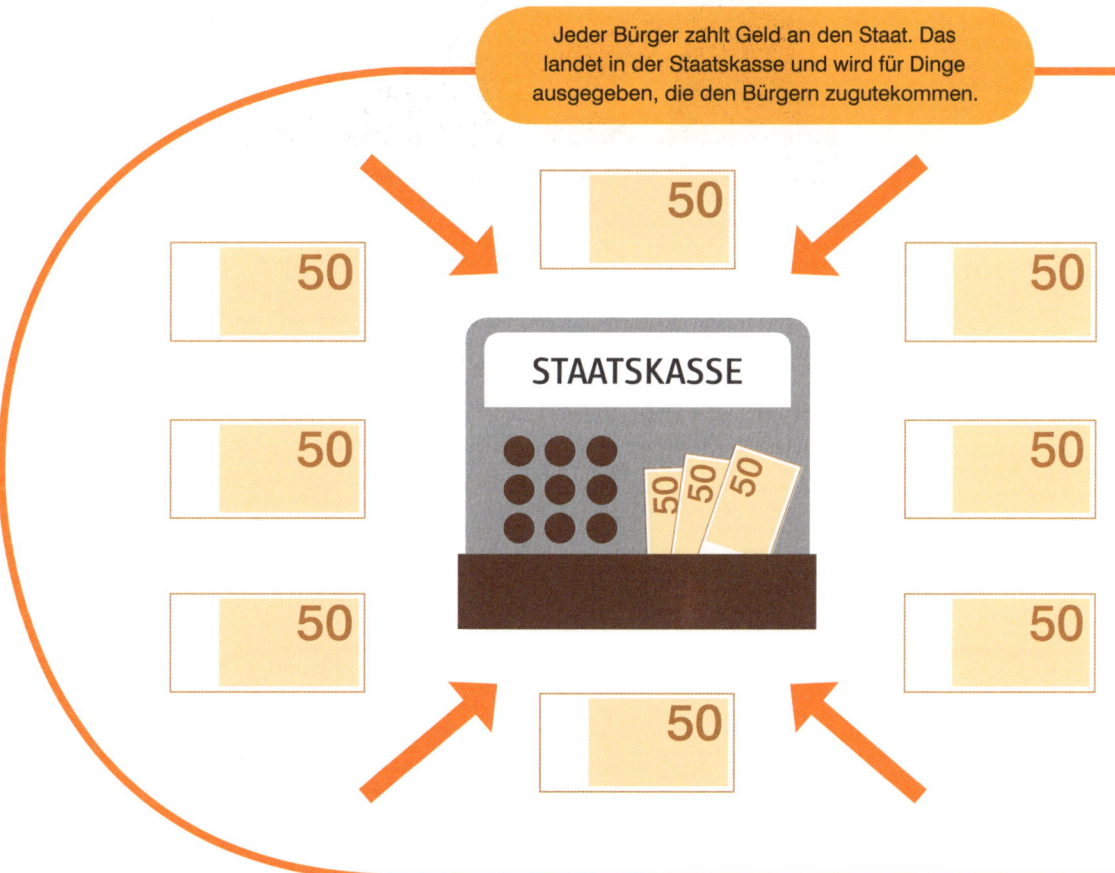

Jeder Bürger zahlt Geld an den Staat. Das landet in der Staatskasse und wird für Dinge ausgegeben, die den Bürgern zugutekommen.

„Haushalt" hat in diesem Fall nichts mit Putzen, Waschen oder Einkaufen zu tun. Hier geht es vielmehr um das Geld, das in der deutschen Staatskasse steckt und das für Deutschland ausgegeben werden kann. Dieses Geld kommt vor allem aus Steuergeldern. Also von dem Geld, das jeder Bürger und jede Firma an den Staat zahlt.

Als Finanzminister hat er das Geld aus der Staatskasse immer im Blick: Wolfgang Schäuble

Unsere Firma Teddyroll zahlt zum Beispiel Steuern für jeden Teddy, den sie verkauft. Und auch die Mitarbeiter müssen einen Teil ihres Gehalts als Steuern an den Staat abgeben. So kommen jedes Jahr viele Milliarden Euro aus Steuergeldern zusammen.

Wofür dieses Geld aus der Staatskasse ausgegeben wird, entscheiden die Politiker der Regierung: Sie legen jedes Jahr in einem Haushaltsplan fest, was sie damit bezahlen wollen. Zum Beispiel können damit Ampeln aufgestellt oder neue Schulen gebaut werden. Wenn

In einem Haushaltsplan wird festgelegt, wofür das Geld aus der Staatskasse ausgegeben wird: zum Beispiel für neue Ampeln.

man mal bedenkt, dass eine einzelne Ampelanlage ungefähr 80 000 Euro kostet und ein neues Schulgebäude schnell mal ein paar Millionen, kann man sich vorstellen, dass das ganze Geld ruck, zuck ausgegeben ist. Das Geld in der Staatskasse ist also meistens eher knapp. Wie blöd, denn es gibt doch immer so viel zu tun in Deutschland, und für alles braucht man Geld!

Kein Wunder also, dass die Politiker sich so häufig streiten! Und im Wahlkampf wird das noch schlimmer. Da geht's nämlich auch darum, was die Parteien den Wählern versprechen wollen: Steuersenkungen? Da würden sich die Wähler natürlich freuen, denn sie müssten weniger Geld von ihrem Lohn abgeben. Bestimmt würden dann auch mehr Leute diese Partei wählen! Oder doch eher Steuererhöhungen? Das gibt mehr Geld für den Staat, und damit könnten zum Beispiel mehr Straßen oder neue Kindergärten gebaut werden. Auch das könnten die Wähler gut finden.

Mit einem gut gefüllten Staatssparschwein können auch Straßen oder Brücken gebaut werden.

Mario, 10: Müssen Kinder auch Steuern zahlen?

Ja! Mit jedem Kaugummi, den ihr kauft, und jedem neuen T-Shirt, das ihr euch leistet, bezahlt ihr Steuern an den Staat. Diese Steuer heißt „Mehrwertsteuer". Das sind immer nur ein paar Cent, aber trotzdem kommt dabei so einiges zusammen: Nehmen wir mal an, eine Packung Kaugummi kostet 1 Euro. Davon bezahlt ihr 7 Cent Steuern. Bei einer Packung pro Woche zahlt ihr 3,64 Euro im Jahr an den Staat. Wenn jedes Kind in Deutschland eine Packung Kaugummi pro Woche kaufen würde, kämen bei etwa 13 Millionen Kindern über 47 Millionen Euro zusammen!

Und wer bezahlt die Politiker?

Die meisten Politiker haben eigentlich einen anderen Beruf. Viele sind zum Beispiel Lehrer oder Anwälte. Diesen Beruf können sie meist nicht mehr ausüben, wenn sie den ganzen Tag als Abgeordnete im Bundestag arbeiten. Also müssen sie Geld von ihrem neuen Arbeitgeber bekommen, dem Staat Deutschland. Dieses Geld kommt aus der Staatskasse, also zum Beispiel von den Steuern, die wir alle zahlen.

Vielleicht denkt ihr euch jetzt: „Am besten zahlen wir den Abgeordneten nur ganz wenig Geld! Denn je weniger Geld aus der Staatskasse sie bekommen, desto mehr bleibt für andere Dinge übrig!" Aber so funktioniert das nicht. Im Gegenteil: Es ist wichtig, dass Abgeordnete gut bezahlt werden.

Wenn ein Abgeordneter sehr wenig verdient, kann er nicht mehr unabhängig sein. Stellt euch vor, ein Abgeordneter soll eine Entscheidung darüber treffen, ob Benzinpreise billiger werden oder nicht. Jetzt kommt jemand von der Benzinfirma zu ihm und sagt: „Wenn du dafür sorgst, dass die Benzinpreise weiter steigen können, verdienen wir mehr und geben dir als Belohnung viel Geld. So haben wir beide was davon." Das ist natürlich nicht erlaubt, so etwas nennt man „Bestechung". Wenn der Abgeordnete allerdings eher wenig verdient,

Diäten

STAATSKASSE

50 50 50

50

Das Geld, das die Abgeordneten verdienen,
kommt aus der Staatskasse.

könnte er diesen geheimen Deal trotzdem gut finden. Denn mit dem Geld der Benzinfirma könnte er sich ein paar schöne Dinge leisten. Wenn er aber genug Geld verdient, um sich auch so ab und zu ein bisschen was leisten zu können, wird er das Angebot wahrscheinlich eher ablehnen.

Das Geld, das Bundestagsabgeordnete für ihre Arbeit bekommen, heißt „Diät". Das kommt aber nicht von „abnehmen", sondern von dem lateinischen Wort „dies" und bedeutet „Tagessatz".

Wie kommen Bürger an Infos über Politik und Parteien?

Lukas ist zwar erst 14 Jahre alt und kann darum noch nicht wählen gehen, aber er interessiert sich sehr für Politik. Allerdings ist er mittlerweile ganz schön verwirrt: Neben der PFF stehen im Moment noch viele andere Parteien in den Fußgängerzonen und erzählen von ihren Zielen und Ideen. Da verliert man leicht den Überblick.

Lukas beschließt also: „Ich schreibe für die Schülerzeitung einen Artikel zum Thema Bundestagswahl und recherchiere mal, wie man herausfindet, welche Partei zu einem passt."

Lukas informiert sich im Internet über die Wahlprogramme der Parteien und klickt sich durch den Wahl-O-Mat.

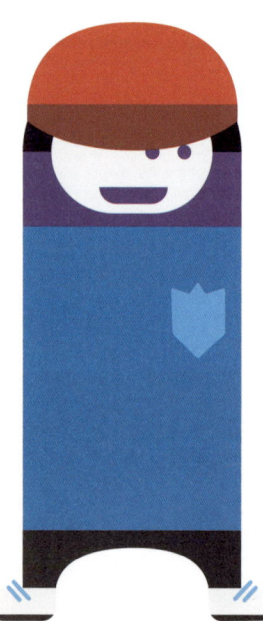

Wie kann man herausfinden, welche Partei zu einem passt?

Als Erstes schaut sich Lukas die Programme der Parteien genau an. Dafür klickt er sich durchs Internet, denn jede größere Partei hat ihr Programm zum Nachlesen auf ihrer Webseite stehen.

Lukas findet manches, was darin steht, ein bisschen kompliziert. Darum geht er auf den Marktplatz und spricht an den Infoständen mit den Mitgliedern verschiedener Parteien. Schließlich ist es ihr Job, die Wähler über die Ideen ihrer Partei zu informieren. Sie antworten ihm nett und bemühen sich, ihm alles ganz genau zu erklären. Jetzt sieht Lukas schon etwas klarer. Einer gibt ihm noch den Tipp:

„Geh doch mal auf die Seite www.wahl-o-mat.de! Vielleicht findest du dort heraus, welche Partei am besten zu dir passt."

Zu Hause schaut sich Lukas den „Wahl-O-Mat" der Bundeszentrale für politische Bildung genauer an. Das ist eine Art Klickspiel, bei dem er verschiedene politische Aussagen bewerten muss. Lukas kreuzt für jede Aussage an, ob er dafür, dagegen oder ob es ihm egal ist. Dasselbe haben vorher auch die Parteien gemacht. Nach knapp 40 Klicks ist er fertig und bekommt angezeigt, mit welchen Parteien

Es soll in ganz Deutschland Sprachtests für alle Kinder im Vorschulalter geben.

Tierversuche sollen ausnahmslos verboten werden.

seine Meinung am besten zusammenpasst. Laut Wahl-O-Mat sollte er die PFF wählen. Ist das aber wirklich DIE Partei, die ihm am besten gefällt? Er überlegt noch einmal ganz genau:

Bis jetzt stammen alle Infos, die er gesammelt hat, direkt von den Parteien. Sie zeigen also nur das, was die Parteien tun *wollen*. Was wirklich jeden Tag in den Parteien und in der Politik passiert, das erfährt Lukas aus den Medien, also aus den Zeitungen, dem Radio, Fernsehen oder Internet: Denn Journalisten wissen immer die neuesten Neuigkeiten aus der Politik und veröffentlichen sie. Die Medien sind heutzutage also eine der wichtigsten Quellen für Infos rund um die Politik. Lukas liest deshalb noch fleißig Zeitungen, hört Radio, sieht fern und klickt sich durchs Netz.

Die Medien sind wichtig: Sie helfen uns Bürgern, Infos über Politik zu kriegen. Dadurch können sie großen Einfluss auf den Ausgang der Wahlen haben.

Sein Artikel zum Thema Bundestagswahlen wird bestimmt richtig gut! Denn Lukas hat die verschiedenen Parteiprogramme gegenübergestellt, mit Parteimitgliedern gesprochen und seine Meinung mit der Meinung der Parteien verglichen. Außerdem hat er sich in verschiedenen Medien darüber informiert, was in den Parteien aktuell so los ist.

Was macht die Medien so wichtig für die Demokratie?

Für die Medien arbeiten Journalisten. Ihre Aufgabe ist es, den Politikern auf die Finger zu schauen und genau zu überprüfen, was sie

tun. Man nennt die Medien darum auch die „vierte Säule" oder „vierte Gewalt" im Staat.

Journalisten kontrollieren die anderen drei Säulen. Sie schauen also mit kritischem Blick nicht nur auf die Arbeit der Politiker im Bundestag (Legislative), sondern auch auf die von Gerichten (Judikative) oder zum Beispiel Polizisten (Exekutive). Was genau die drei Säulen waren, könnt ihr in Kapitel 5 nachlesen. Journalisten recherchieren Hintergründe und sollen aufdecken, wenn irgendwo etwas nicht mit rechten Dingen zugeht. Wenn sie herausfinden, dass jemand seine Macht missbraucht, ist es ihre Aufgabe, das den Bürgern mitzuteilen. Das ist sehr wichtig, denn nur so können sich die Menschen ein richtiges Bild darüber machen, was in ihrem Land passiert und in was für einer Gesellschaft sie leben. Journalisten sind also ein bisschen wie Detektive, die im Auftrag der Bürger unterwegs sind.

Aber auch wenn alles glattläuft, sind die Medien wichtig: Sie sind sozusagen die Verbindung zwischen der Bevölkerung und den Politikern. Eine weitere Aufgabe von Journalisten ist es nämlich, den Menschen zu erklären, was die Politiker wollen und wie sie bei einer komplizierten Rede etwas gemeint haben könnten. Sie können den Bürgern auch die Vor- und Nachteile von politischen Entscheidungen deutlich machen. So sorgen sie dafür, dass die Menschen bei den Wahlen besser einschätzen können, ob es gut für sie ist, diese oder jene Partei zu wählen.

Ihr seht also: Journalisten haben eine riesige Verantwortung. Und je mehr Menschen eine bestimmte Tageszeitung, Nachrichtensendung oder Internetseite gut finden, desto größer wird diese Verantwortung. Wenn etwa eine sehr beliebte Tageszeitung einen Politiker besonders

Bundesverkehrsminister Peter Ramsauer liest
Zeitung. Ob wohl was über ihn drinsteht?

gut oder besonders schlecht dastehen ließe, würde das viele Menschen beeinflussen. Medien können beeinflussen, wie Menschen Politik und Politiker wahrnehmen.

Von manchen Zeitungen weiß man, dass sie eher auf der Seite der einen oder der anderen Partei stehen und dass darum in ihren Artikeln diese Parteien oft besser wegkommen. Trotzdem darf kein Journalist absichtlich etwas Falsches über eine Partei oder einen Politiker verbreiten.

Was bedeutet Pressefreiheit?

Nur durch die Pressefreiheit können die Medien als die vierte Säule im Staat richtig funktionieren. Pressefreiheit heißt: Niemand darf die Veröffentlichung eines Beitrags verhindern, nur weil ihm der Inhalt nicht gefällt. Journalisten dürfen also bei dem, was sie sagen und schreiben, nicht von der Regierung oder irgendwem sonst kontrolliert werden. Natürlich hört kein Politiker gern, wenn über ihn oder seine Partei etwas Schlechtes gesagt oder geschrieben wird. Aber da muss er die Zähne zusammenbeißen und es sich anhören. Politiker dürfen auf keinen Fall versuchen, eine schlechte Berichterstattung über sich oder ihre Partei zu verhindern. Kritisch über Entscheidungen von Politikern zu berichten ist schließlich die Aufgabe der Journalisten.

Pressefreiheit heißt außerdem: Jeder Bürger soll sich ungehindert überall informieren können, also durch verschiedene Fernseh- und Radiosender, unterschiedliche Zeitungen und einen unbeschränkten Internetzugang.

Dadurch sollen alle die Möglichkeit haben, verschiedene Sichtweisen miteinander zu vergleichen und sich ihre eigene Meinung zu bilden.

Wie wichtig eine freie Presse für eine gut funktionierende Demokratie ist, könnt ihr an einem Gegenbeispiel sehen: In dem Land Nordkorea etwa gibt es keine freie Presse. Dort dürfen Journalisten nur das veröffentlichen, was der Staat ihnen vorschreibt. Wer versucht, eine andere Meinung als die offizielle Meinung des Staates zu veröffentlichen, wird bestraft und kann sogar ins Gefängnis kommen. Offiziell ist Nordkorea zwar eine Demokratie, aber in Wirklichkeit herrscht dort der Staatschef Kim Jong Un als Diktator. Er und seine Regierung sorgen dafür, dass die Journalisten ihre wirkliche Aufgabe, die Kontrolle des Staates und das Informieren der Bürger, nicht mehr erfüllen können.

Die eigene Meinung sagen und veröffentlichen zu dürfen gehört weltweit zu den Menschenrechten. Eigentlich. In Wirklichkeit begeben sich

Politiker dürfen den Medien nicht reinreden, selbst wenn ihnen nicht gefällt, was sie lesen.

Journalisten in vielen Ländern auch heute noch in Lebensgefahr, wenn sie kritisch über das berichten, was wirklich passiert.

Wie bereiten sich Politiker auf Treffen mit Journalisten vor?

Kaum ein erfahrener Politiker lässt sich von einem Fotografen oder Kameramenschen dabei erwischen, wie er eine Rolltreppe herunterfährt. Das glaubt ihr nicht? Aber es stimmt! Die meisten Politiker haben gelernt: Wenn sie irgendwann einmal nicht so gut dastehen mit ihrer Politik, werden genau solche Bilder wieder hervorgekramt, und ein pfiffiger Redakteur wird dazu so etwas texten wie: „Mit diesem Politiker geht's bergab." Ja, Journalisten können manchmal ein bisschen fies sein. Und auch ihre Interviewfragen haben es oft in sich. Wenn sie einen Politiker bei einer unbedachten Antwort erwischen, könnte am nächsten Tag halb Deutschland darüber lachen. Im schlimmsten Fall hat der Politiker mit einer kleinen Gedankenlosigkeit ruck, zuck einen Skandal verursacht.

Um solche Fallstricke zu vermeiden, hat fast jeder wichtige Politiker einen Medienprofi zur Seite stehen. Diese Profis wissen genau, wie sie einem Politiker helfen können, sich auf einen Pressetermin vorzubereiten. Und sie wissen, welche Bilder und Geschichten einen Politiker sympathischer für die Wähler machen. Sie schauen zum Beispiel auf die Termine „ihres" Politikers und überlegen, ob und wie solch ein Termin gut für das „Image", also für den Ruf des Politikers, sein könnte. Wenn dann bei einem gut ausgewählten Termin viele Journalisten und

Damit Politiker vor der Kamera gut rüberkommen, wird ihnen ein Medienprofi zur Seite gestellt.

Diese Gummistiefel könnten Gerhard Schröder 2002 zum Wahlsieg verholfen haben.

Kameraleute vor Ort sind, freuen sich die Politiker und ihre Berater. Denn sie können davon ausgehen, dass der Politiker gut dastehen wird, wenn die Medien über diesen Termin berichten. Was von einem Politiker in den Medien gezeigt wird, könnte sogar eine Wahl entscheiden!

Der damalige Bundeskanzler Gerhard Schröder besuchte zum Beispiel im Jahr 2002 bei einem schlimmen Hochwasser an der Elbe die betroffenen Menschen. Dabei entstanden Fotos, wie er mit Gummistiefeln durch den Matsch lief. Nach diesen Bildern dachten viele: „Der Mann packt an und versucht sofort zu helfen. Ihm ist es auch nicht peinlich, sich in Gummistiefeln zu zeigen." Die Bundestagswahl kurz danach gewann Schröder, und viele Experten sind sich im Nachhinein einig: Es waren auch die Bilder von ihm in seinen Gummistiefeln, die ihm den Wahlsieg brachten. Ob ein Medienprofi ihm die Stiefel in die Hand gedrückt hat, weiß man natürlich nicht genau. Wenn ja, dann war es ein genialer Schachzug.

Wer weiß, wie die Deutschen ticken?

Die PFF und die anderen Parteien haben schon vor Wochen überall ihre Wahlplakate aufgehängt, die Städte sind voll davon. Jetzt ist sicher auch dem Letzten klar: Bald stehen Wahlen an! Spätestens 21 Tage vor der Bundestagswahl müssen alle deutschen Staatsbürger, die 18 Jahre oder älter sind, eine Wahlbenachrichtigung in ihrem Briefkasten haben. Das ist sozusagen das Ticket zum Wählen. Aber obwohl jetzt noch niemand offiziell zur Wahl gehen kann, können Experten schon vorhersagen, wie die Menschen in Deutschland wahrscheinlich abstimmen werden. Und das ganz ohne magische Zauberkugel! Des Rätsels Lösung sind Wahlforschungsinstitute …

Im Wahlforschungsinstitut rufen die Mitarbeiter Menschen aus ganz Deutschland an und fragen sie nach ihrer Meinung zu Politik.

Wie können Wahlforschungsinstitute in die Zukunft schauen?

In einem Wahlforschungsinstitut gibt es unheimlich viele Telefone, und es ist sehr laut. Denn Wahlforschung bedeutet erst mal: reden, reden, reden. Und zwar mit Wählern aus ganz Deutschland.

Das funktioniert so: Ein Mitarbeiter des Instituts ruft rein zufällig bei irgendeiner Telefonnummer an. Dafür, dass er nicht einfach seine Mama und alle seine Freunde anruft, sorgt ein Computer, der aus allen Telefonnummern Deutschlands per Zufallsgenerator ein paar herauspickt.

WAHLFORSCHUNGSINSTITUT

Aber es soll noch zufälliger werden. Denn der, der ans Telefon kommt, wird oft gar nicht interviewt, sondern der Wahlforscher fragt: „Wer in der Familie hatte zuletzt Geburtstag?" Und derjenige wird dann befragt, sofern er mindestens 18 Jahre alt ist.

Der Wahlforscher fragt ihn: „Wenn am nächsten Sonntag Bundestagswahl wäre, würden Sie zur Wahl gehen? Und wenn ja, wen würden Sie wählen?"

Dazu stellt er noch einige Fragen zu aktuellen Politikthemen, zum Beispiel zum Elterngeld oder auch darüber, wie die Leute die Spitzenkandidaten der verschiedenen Parteien finden. Alle Antworten tippt der Wahlforscher in seinen Computer ein.

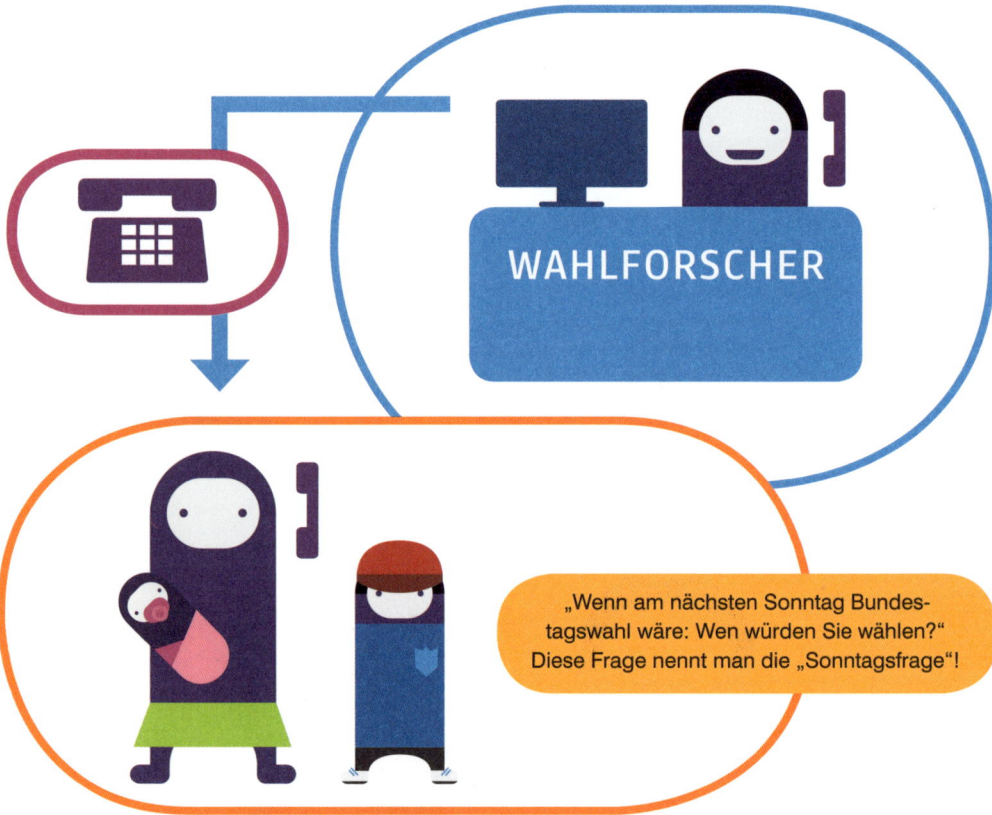

WAHLFORSCHER

„Wenn am nächsten Sonntag Bundestagswahl wäre: Wen würden Sie wählen?" Diese Frage nennt man die „Sonntagsfrage"!

Um die 1000 Menschen rufen die Mitarbeiter so eines Wahlforschungsinstituts täglich an. Das reicht, um ungefähr sagen zu können: Etwa so wie diese Menschen denkt auch ganz Deutschland.

Zusätzlich zu den Antworten der Leute stellen die Institute noch weitere Berechnungen an. Welche Berechnungen das sind und welche Faktoren in ihnen eine Rolle spielen, ist bei jedem Institut ein streng gehütetes Betriebsgeheimnis!

Aus all den Antworten und den Berechnungen spuckt der Computer am Schluss ein Ergebnis aus: „Wenn am Sonntag Bundestagswahl wäre, würden die Deutschen die Partei X mit soundso viel Prozent vor der Partei Y wählen. Als Bundeskanzler fänden die Deutschen Herrn oder Frau Sowieso am besten."

Die Ergebnisse werden regelmäßig in Zeitschriften und im Fernsehen veröffentlicht. So wissen die Menschen in Deutschland immer, welche Partei die Wähler gerade am besten finden.

Aus der Zeitung und dem Fernsehen erfahren die Menschen, welche Partei gerade vorne liegt.

Wählen gehen oder nicht? Was spricht dafür?

„Meine Stimme ändert doch eh nix", „Ich interessiere mich nicht so für Politik", oder einfach „Ich hab am Wahlsonntag schon was Besseres vor": Ausreden, nicht zur Wahl zu gehen, gibt es viele. Rund 29 Prozent der Deutschen (das sind 18 Millionen Menschen!) gingen 2009 tatsächlich nicht zur Bundestagswahl.

Dabei können manchmal auch ganz wenige Stimmen für die eine oder

Zu früh gefreut: Die Anhänger der CDU/CSU
dachten schon, sie hätten die Wahl gewonnen.

andere Partei einen riesigen Unterschied machen! Das beste Beispiel dafür liefert das Jahr 2002: Damals lagen die Parteien CDU/CSU und SPD besonders eng beieinander. Abends sah es noch so aus, als würde der CDU/CSU-Kandidat Edmund Stoiber die Wahl gewinnen. Er ging abends ins Bett, träumte wahrscheinlich schon von seinem neuen Job als Kanzler, wachte am nächsten Morgen auf – und hätte sich wahrscheinlich am allerliebsten gleich wieder die Decke über den Kopf gezogen. Denn es waren dann doch mehr SPD-Wähler als gedacht zur Wahl gegangen, und Stoiber hatte ganz, ganz knapp die Wahl verloren. Hätten sich also ein paar mehr Anhänger seiner Partei aufgerappelt und wären zum Wahllokal gegangen – das Ergebnis wäre ein ganz anderes gewesen.

Wenn wirklich mal jemand am Wahlsonntag nicht kann, weil er vielleicht im Urlaub ist, kann er mit seiner Wahlbenachrichtigung die „Briefwahl" beantragen. Das heißt, man bekommt seinen Wahlschein per Post zugeschickt, füllt ihn zu Hause aus und schickt ihn wieder an die Gemeindeverwaltung zurück. Seinen Absender darf man auf den Brief nicht schreiben, denn die Briefwahl muss (genau wie die „richtige" Wahl) geheim sein: Es darf also niemand erfahren, wer wen gewählt hat.

Es gibt keine Pflicht, zur Wahl zu gehen, das heißt: Wer nicht wählen geht, hat vom Staat keine Strafe zu befürchten. Die Wahl ist vielmehr eine Möglichkeit für jeden Bürger, mitzubestimmen, wer in seinem Land regiert – das macht Deutschland zur Demokratie. Die gewählten Politiker sind also „Volks-Vertreter" im wahrsten Sinne des Wortes! Sie sollen die Interessen des ganzen Volkes vertreten. Mit seinem Kreuzchen für eine Partei zeigt ein Wähler an, dass er sich durch sie in seinen Interessen am besten vertreten fühlt. Wer nicht zur Wahl geht, lässt sein Mitbestimmungsrecht ungenutzt verfallen.

Außerdem: Die Politiker werden von Steuergeldern bezahlt, also vom Geld jedes einzelnen Bürgers. Da ist es doch clever mitzuentscheiden, wem man sein Geld gibt, oder?

Anni, 11: Was würde passieren, wenn keiner zur Wahl ginge?

Die einfache Antwort lautet: nichts. Jeder kann frei entscheiden, ob er wählen geht oder nicht. Es gibt keine Mindestzahl von Menschen, die zu einer Wahl gehen müssen, damit sie gültig ist. Da zumindest die meisten Parteimitglieder und auf jeden Fall die Politiker ihre Stimme abgeben werden, kann der Fall, dass keine einzige Stimme abgegeben wird, nicht eintreten. Allerdings: Je weniger Menschen zur Wahl gehen, desto mehr nützt das zum Beispiel rechtsextremen Parteien. Denn deren Anhänger, auch wenn es wenige sind, gehen meist wählen. Und je weniger Menschen ihre Stimme anderen Parteien geben, desto mehr Sitze können solche Parteien im Bundestag bekommen. Und das kann im schlimmsten Fall sogar die Demokratie gefährden.

Infoseite: Spannendes Wahlwissen aus der ganzen Welt

Die Hallig Gröde, eine kleine deutsche Insel, hat meist 100 Prozent Wahlbeteiligung! Kein Wunder, denn dort leben nur fünf Wahlberechtigte... (Gröde ist deshalb auch immer der Wahlkreis, der am schnellsten ausgezählt ist.)

Manche Amerikaner schauen vor den Wahlen Basketball, um herauszufinden, wer gewinnen wird: Seit 1952 gewannen die Republikaner immer dann die Wahl, wenn es die Basketballer der Los Angeles Lakers ins Championship-Finale der NBA schafften. Na ja, fast immer: 2008 gelang es dem Republikaner-Kandidaten John McCain trotz Basketball-Unterstützung nicht, die Wahl zu gewinnen.

Es gibt einige Parteien, die sich absichtlich witzige Namen verpassen, weil sie die Politik und die Wahlen nicht ganz so ernst nehmen. Zum Beispiel die „Monster Raving Loony Party" aus Großbritannien: Übersetzt heißt ihr Name ungefähr „monstermäßig feiernde Verrückten-Partei". In Ungarn gibt es die „Magyar Kétfarkú Kutya Párt", das ist die „Ungarische Partei der zweischwänzigen Hunde". Auch in Deutschland wurden schon solche Spaß-Parteien gegründet: „Partei Öffentlicher Toiletten", Partei „Frauen an den Herd", „Liste UNGÜLTIG" (UNGÜLTIG ist eine Abkürzung und steht für „Union Nicht Genug Überdachten Lächelns Trotz Innerer Genialität"). Na, fallen euch noch weitere verrückte Parteinamen ein?

16

In Österreich darf man seit 2007 schon mit 16 Jahren an den meisten Wahlen teilnehmen. Damit sind die Österreicher europaweit die Ersten!

Von wegen, alle sind gleich: Frauen dürfen in manchen Ländern noch gar nicht sooo lange wählen! In der Schweiz haben Frauen erst seit 1971 das Recht zu wählen, im Kanton Appenzell Innerrhoden sogar erst seit 1990, also erst seit etwas über 20 Jahren! (In Deutschland dürfen Frauen seit 1919 wählen.)

Am Wahltag

Wo gehen wir wählen?

Heute ist der große Tag: Wahltag. Natürlich dürfen auch die Mitglieder der PFF wählen gehen. Frau Kunz schaut auf ihre Wahlbenachrichtigung. Da steht drauf, in welches Wahllokal sie gehen muss. Aber auch wenn es so klingt: zu essen und zu trinken gibt es in diesem Lokal nichts. Oft sind die Wahllokale sogar an einem Ort, den ihr sehr gut kennt: in der Schule! Ein Wahllokal muss nämlich ein Ort sein, der leicht zu erreichen ist und in den viele Menschen reinpassen. Darum sind zum Beispiel Schulen, Sporthallen, Seniorenheime oder Rathäuser gute Wahllokale. Sie sind am Wahltag schon ab 8 Uhr morgens geöffnet. Schauen wir uns mal gemeinsam mit Frau Kunz an, welche Regeln es bei so einer Wahl gibt …

WAHL-
BENACHRICHTIGUNG

Kapitel 11

2 Jahre   1 Jahr   Wahltag

Was sind die Spielregeln bei einer Wahl?

Frau Kunz schnappt sich ihre Wahlbenachrichtigung und macht sich auf den Weg ins Wahllokal. Die Wahlbenachrichtigung bekommt jeder Deutsche, der mindestens 18 Jahre alt ist. Egal, ob Mann oder Frau, arm oder reich, Christ oder Moslem. Die Wahl ist also „*allgemein*", weil jeder erwachsene Deutsche wählen gehen darf.

Frau Kunz geht mit ihrer Wahlbenachrichtigung ins Wahllokal. Dort zeigt sie ihren Personalausweis und bekommt dafür von einem Wahl-

Jeder, der erwachsen ist und die deutsche Staatsbürgerschaft hat, darf wählen gehen. Egal welche Hautfarbe oder Religion er oder sie hat.

helfer einen Stimmzettel. Weder der Wahlhelfer noch sonst irgendjemand darf Frau Kunz vorschreiben, was sie ankreuzen soll. Auch Geld darf ihr niemand dafür bieten, dass sie einer bestimmten Partei ihre Stimme gibt. Und Drohungen gelten natürlich auch nicht. Wo Frau Kunz ihre Kreuzchen macht, ist ganz allein ihre Entscheidung. Die Wahl ist also „*frei*".

Frau Kunz geht in die Wahlkabine. Wegen der Stellwände kann niemand sehen, was sie auf dem Zettel ankreuzt. Außerdem darf nie-

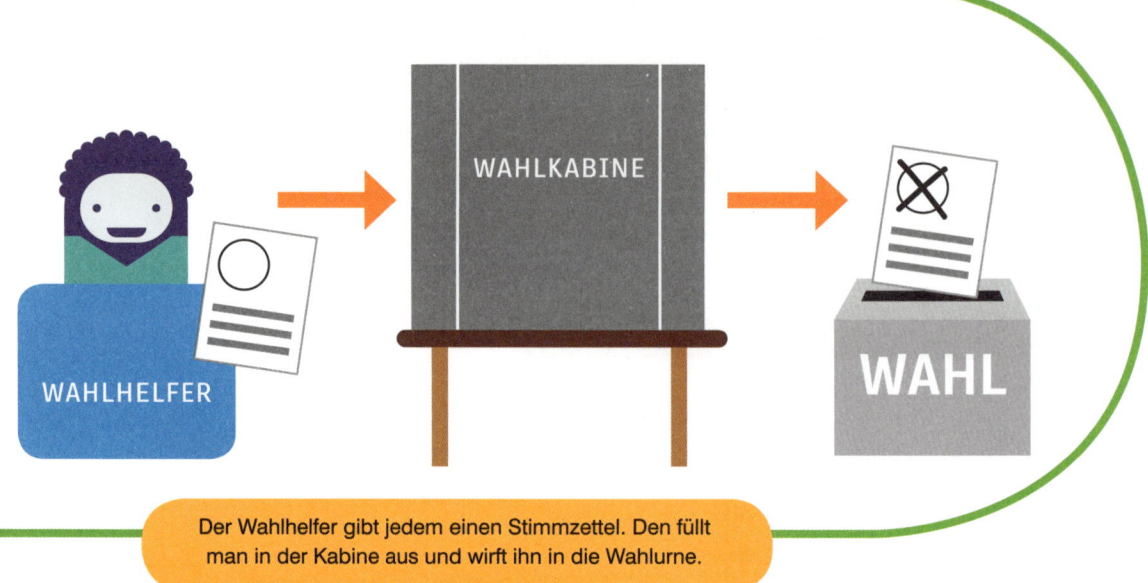

WAHLHELFER

WAHLKABINE

WAHL

Der Wahlhelfer gibt jedem einen Stimmzettel. Den füllt man in der Kabine aus und wirft ihn in die Wahlurne.

mand mit ihr hinter die Stellwand kommen. Die Wahl ist also *„geheim"*. Frau Kunz macht ein Kreuzchen für genau den Politiker, den sie gern im Bundestag hätte. Das heißt, die Wahl ist *„unmittelbar"*. Das bedeutet, dass sie ihren Lieblingskandidaten direkt wählt und nicht jemanden bestimmt, der das für sie tut.

Vor dem Wahllokal trifft Frau Kunz zufällig den Bürgermeister und den reichsten Mann im Ort – zwei ziemlich wichtige Leute! Aber die Stimme der beiden zählt ganz genauso viel wie die von Frau Kunz. Jeder Mensch hat genau eine Stimme, die Wahl ist also *„gleich"*.

Dass keiner mehrmals seine Stimme abgibt, wird übrigens genau kontrolliert: Wer seinen Wahlzettel in die Wahlurne geworfen hat, dessen Name wird auf einer langen Liste durchgestrichen. Außerdem wird streng darauf geachtet, dass die Wahlurne stabil und gut verschlos-

Frau Kunz darf wie jeder andere auch nur einen Stimmzettel ausfüllen.

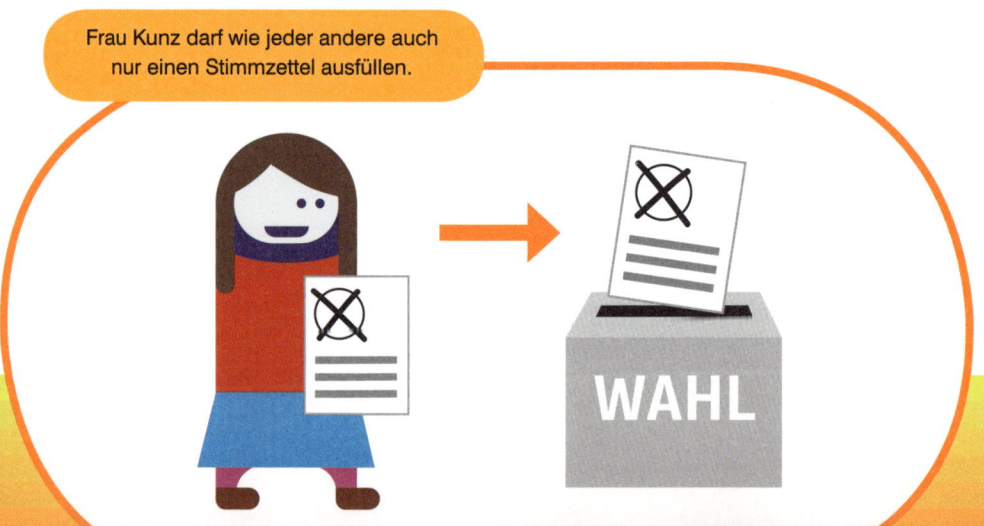

WAHL

sen ist. Schließlich soll niemand einfach ein paar Wahlzettel mehr für seine Partei in den Behälter schummeln können. So wird sichergestellt, dass die Wahl wirklich „gleich" und damit gerecht ist.

Wenn irgendjemand glaubt, dass gegen einen oder mehrere der fünf Wahlgrundsätze „allgemein, frei, geheim, unmittelbar und gleich" verstoßen wurde, kann er Einspruch gegen die Wahl erheben. Dann muss überprüft werden, ob die Wahl vielleicht sogar wiederholt werden muss.

Was steht auf dem Wahlzettel?

Wenn ihr einmal umblättert, seht ihr, wie so ein Wahlzettel für die Bundestagswahl ungefähr aussieht. (Wobei „Zettel" eigentlich das falsche Wort ist. Bei manchen Wahlen kann der Wahlzettel nämlich ganz schön lang sein, je nachdem, wie viele Parteien darauf stehen!)
Und wie ihr seht, muss man bei der Bundestagswahl nicht nur ein Kreuzchen machen, sondern gleich zwei. Jeder Wähler hat also zwei Stimmen.

Deutschland ist in 299 Wahlkreise eingeteilt. Für jeden Wahlkreis wählt jede Partei einen Politiker aus ihrer Region aus, der für sie in den Bundestag kommen soll. Sein Name steht auf dem Wahlzettel. Das heißt, vor der Bundestagswahl kann jeder Bürger mit den Politikern aus seiner Gegend ins Gespräch kommen und ihnen Fragen stellen. So kann er herausfinden, wem er vertraut und wen er gern als seinen Vertreter im Bundestag sitzen hätte.
Der Politiker mit den meisten Stimmen in seinem Wahlkreis bekommt einen Platz im Bundestag. Und zwar ganz egal, ob es seine Partei mit der Zweitstimme in den Bundestag schafft.
Mit den 299 Politikern aus den Wahlkreisen sind also schon eine ganze Menge Plätze im Bundestag belegt.

Stimmzettel
für die Bundestagswahl

Erststimme		Zweitstimme	
1 Peter Panter **Die Blauen**	◯	**1** Die Blauen	◯
2 Suse Sahne **Frühlingspartei**	◯	**2** Frühlingspartei	◯
3 Stefan Strohhalm **ABC-Partei**	◯	**3** ABC-Partei	◯
4 Anke Anders **Die Tierliebhaber**	◯	**4** Die Tierliebhaber	◯
5 Reinhold Raser **Autopartei**	◯	**5** Autopartei	◯
6 Hans Hinz **PFF**	◯	**6** PFF	◯

Für wen ist die Erststimme?

Mit der Erststimme wählt der Wähler einen bestimmten Politiker. Dass ihr auf unserem Wahlzettel keinen Politikernamen und keine Partei wiedererkennt, hat nicht nur damit zu tun, dass darauf nur ausgedachte Namen stehen. Die aus den Nachrichten richtig bekannten Politiker wie Angela Merkel könnt ihr hier nämlich nicht direkt wählen. Hier stellen sich die Politiker zur Wahl, die ganz in eurer Nähe wohnen. Sie machen Politik in eurem Wahlkreis.

Und für wen ist die Zweitstimme?

Die restlichen Plätze im Bundestag werden über die Zweitstimme verteilt. Die Zweitstimme gibt der Wähler nicht einer bestimmten Person, sondern einer Partei. Je mehr Stimmen eine Partei erhält, desto mehr Sitze im Bundestag kriegt sie zusätzlich zu denen, die sie schon durch die Erststimme bekommen hat.

Jetzt wird es ernst: Schafft es die PFF in den Bundestag?

Die Politiker, die es dank der Zweitstimme in den Bundestag schaffen sollen, werden von den Parteien vorher bestimmt. Sie stehen auf nummerierten „Listen" der Parteien. Politiker, die es auf jeden Fall in den Bundestag schaffen sollen, sind ganz weit oben auf diesen Listen zu finden. Hier stehen die Namen der bekannten Politiker und der jeweiligen Spitzenkandidaten der Parteien. Die kommen auf diese Weise auch dann in den Bundestag, wenn die Partei nur Plätze für ganz wenige Politiker erhalten hat.

Die Zweitstimme ist besonders für kleine Parteien sehr wichtig. Denn oft schaffen es Politiker kleiner Parteien nicht mit der Erststimme in den Bundestag. Ohne die Zweitstimme wären sie dort also gar nicht vertreten.

Die Zweitstimme legt auch fest, wie viele Sitze die Parteien insgesamt erhalten. Die Zahlen, die abends in den Nachrichten veröffentlicht werden, berechnen sich aus den Zweitstimmen. Sagt der Nachrichtensprecher zum Beispiel: „Die Partei X hat 41 Prozent der Stimmen bekommen", dann meint er damit: „Von 100 Leuten haben 41 ihr zweites Kreuzchen für die Partei X gemacht."

18 Uhr, es ist so weit. Die letzten Wähler haben ihre Stimme abgegeben, die Wahllokaltüren sind zu, die Wahl ist vorbei. Und auch wieder nicht. Denn jetzt geht das große Zählen los.

Erst jetzt dürfen die Wahlhelfer die Wahlurnen öffnen. Die Wahlhelfer sind ganz normale Wähler, die am Wahltag ehrenamtlich in den Wahllokalen mitgeholfen haben. Jetzt fangen sie an, die Stimmen auszuzählen. Meist funktioniert das so, dass einer zählt und ein zweiter das Ergebnis noch mal überprüft. So wird verhindert, dass jemand schummelt und einfach seiner Lieblingspartei ein paar Stimmen mehr unterjubelt.

Auszählung

Obwohl es so viele Helfer sind, dauert es ziemlich lange, bis alle Stimmen ausgezählt sind. Kein Wunder, bei etwa 62 Millionen Wahlberechtigten kommen ganz schön viele Wahlzettel zusammen! Oft kann das Ergebnis der Wahl erst spät in der Nacht verkündet werden.

Trotzdem kann man schon im Laufe des Abends erfahren, wie die Wahl wahrscheinlich ausgehen wird. Dafür sind diese Leute hier verantwortlich:

Alte Bekannte: die Wahlforscher

Erinnert ihr euch noch? Richtig, das sind die Wahlforscher, die immer Umfragen zu den Parteien machen. In der Woche vor der Bundestagswahl rufen sie allerdings niemanden mehr an, und am Wahltag werden bis 18 Uhr auch keine Umfrageergebnisse mehr bekannt gegeben.

Am Wahlsonntag stehen die Wahlforscher aber an verschiedenen Wahllokalen. Wie bei den Anrufen ist es auch jetzt wichtig, dass die Wahllokale ganz zufällig ausgesucht werden: Im Norden wie im Süden, in der Stadt wie auf dem Land – vor etwa 400 per Los ausgewählten Wahllokalen stehen die Wahlforscher an diesem besonderen Tag. Und auch die Befragten suchen sie wieder ganz zufällig aus. Sie sprechen jeden dritten oder jeden fünften Wähler an und bitten die Leute, auf einem Fragebogen auszufüllen, wen sie gewählt haben. Natürlich können diese Leute auch einfach irgendwelchen Quatsch auf den Fragebogen schreiben und jemanden eintragen, den sie gar nicht gewählt haben. Aber das verändert das wirkliche Wahlergebnis nicht mehr. Deshalb kann man davon ausgehen, dass die meisten Angaben dieser Umfrage stimmen.

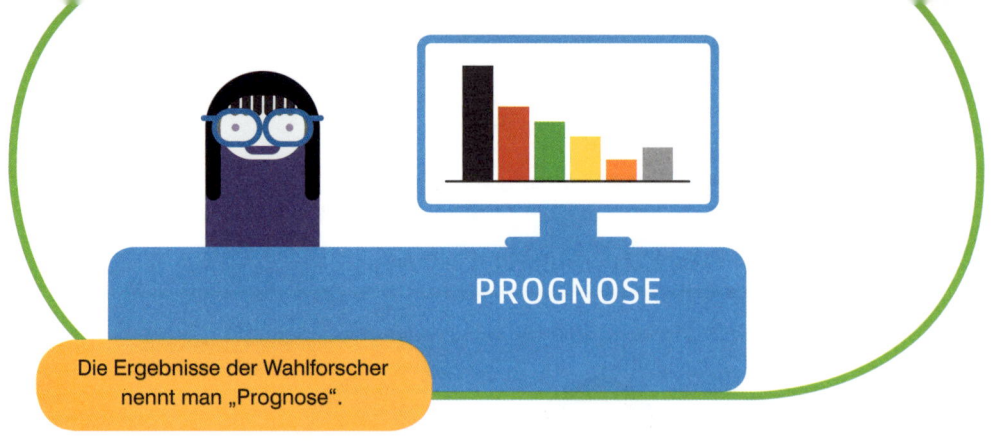

Alle Ergebnisse landen in der Wahlforscherzentrale und werden dort zusammengezählt. Die Zentrale gibt die Ergebnisse an die Medien weiter. Sobald die Wahllokale geschlossen haben, geben die Fernsehsender die zusammengezählten Ergebnisse aller Wahlforscher bekannt. Das nennt sich „Prognose". Im Laufe des Abends nennen die Fernsehsender dann immer wieder neue Zahlen. Diese Zahlen kommen von den zusammengezählten Stimmzetteln der Wahlkreise und Gemeinden. Das sind die „Hochrechnungen". Je mehr Ergebnisse zusammenkommen, desto stärker nähert sich die Zahl dem echten Wahlergebnis. Das kann manchmal eine richtige Bibberpartie werden!

Kaum zu glauben: Das wirklich endgültige Wahlergebnis steht oft erst rund zwei Wochen nach der Wahl fest! Weil das meist nur ganz wenig vom „vorläufigen amtlichen Endergebnis" am Wahltag abweicht, kriegen viele Menschen gar nicht mit, dass das „echte" Ergebnis erst so spät feststeht.

Janina, 12: Was machen die Politiker am Wahltag?

Erst mal gehen sie wählen, na klar. Die meisten großen Parteien richten am Wahltag Wahlpartys aus. Es gibt Häppchen und Getränke, und alle schauen gebannt auf eine große Leinwand, auf der sie die ersten Hochrechnungen aus dem Fernsehen sehen können. Oft sind auf den größten Wahlpartys auch Journalisten. Sie fotografieren oder filmen die jubelnden oder betretenen Gesichter der Parteimitglieder und interviewen sie zu den Zwischenergebnissen.

Während auf einigen Wahlpartys schon richtig gefeiert wird, sind auf anderen die Parteimitglieder bereits traurig nach Hause gedackelt. Im Laufe des Abends hat sich immer stärker gezeigt, welche Parteien vorne liegen und welche nicht genügend Wähler im Bundestag sehen wollen. Jetzt, mitten in der Nacht, ist das Wahlergebnis klar, und bei den Wahlsiegern knallen die Sektkorken.

Sofort wollen alle Wähler wissen: Wie finden die Spitzenpolitiker das Ergebnis ihrer Partei? Sind sie zufrieden, sind sie enttäuscht? Die Journalisten interviewen die wichtigsten Politiker und wollen ganz genau hören, was sie über das Wahlergebnis denken.

Max, 10: Wieso freuen sich die Politiker manchmal so, obwohl ihre Partei gar nicht die meisten Stimmen gekriegt hat?

Die meisten Stimmen bekommt normalerweise eine der beiden Volksparteien: die SPD oder die CDU. Den kleineren Parteien geht es von Anfang an gar nicht darum, die meisten Stimmen zu ergattern. Sie wollen einfach möglichst viele Stimmen haben. Denn wenn sie zu wenige Stimmen bekommen, dürfen sie gar nicht in den Bundestag einziehen. Und umgekehrt: Je mehr Stimmen sie am Ende haben, desto mehr können sie im Bundestag mitentscheiden, selbst wenn sie nicht die Partei mit den allermeisten Stimmen sind.

Was ist die „Fünf-Prozent-Hürde"?

Eine ganz, ganz wichtige Frage für alle Parteien ist: Haben sie mit den Zweitstimmen die berüchtigte „Fünf-Prozent-Hürde" geknackt? Das heißt übersetzt: Haben sie es in den Bundestag geschafft?

Die Fünf-Prozent-Hürde funktioniert tatsächlich wie eine Hürde beim Hürdenlauf. Wer es nämlich nicht schafft, sie zu überspringen, der kommt nicht ins Ziel. Für die Parteien der Bundestagswahl heißt das:

Wer weniger als fünf Prozent aller Stimmen hat, kommt nicht in den Bundestag. Besonders die kleinen Parteien müssen oft ganz schön zittern, bis sie am Wahltag sicher wissen, ob sie es in den Bundestag geschafft haben.

Die Fünf-Prozent-Hürde hat sich niemand ausgedacht, der die kleinen Parteien ärgern wollte. Es gibt sie, damit es im Bundestag nicht zu kompliziert für die Politiker wird. Denn wenn jede Partei, die bei einer Wahl nur ein paar Stimmen bekommt, einen Politiker in den Bundestag oder Landtag schicken dürfte, dann wären das sehr viele Parteien. Und das gäbe ein ganz schönes Durcheinander. Bei so vielen Partei-

5%-Hürde

PFF

en mit ganz unterschiedlichen Meinungen wäre es schwierig, gemeinsam Entscheidungen zu treffen und neue Gesetze zu beschließen. Statt Entscheidungen würde es wahrscheinlich oft nur Streit geben.

Wenn eine Partei also nicht mehr als fünf Prozent aller abgegebenen Stimmen kriegt, verfallen alle ihre Stimmen. Dann hat sie nur noch eine Chance: Wenn die Wähler mit ihrer Erststimme mindestens drei Parteimitglieder direkt in den Bundestag gewählt haben, darf die Partei trotzdem in den Bundestag kommen. Wenn es weniger Parteimitglieder mit der Erststimme in den Bundestag geschafft haben, haben diese gewählten Politiker zwar ihren Platz sicher. Aber sie können keine „Fraktion" bilden. Das heißt, sie können sich nicht mit den anderen Politikern aus ihrer Partei zu einer Gruppe mit besonderen Rechten zusammenschließen. Sie sind also nur als „fraktionslose Abgeordnete" im Bundestag dabei. Fraktionslos sind aber normalerweise nur sehr wenige Abgeordnete. Es bedeutet zum Beispiel, dass sie nur ein eingeschränktes Recht haben, im Bundestag etwas zu sagen. Und sie dürfen in kleineren Expertengruppen (den „Ausschüssen") zwar dabei sein, aber nicht bei Abstimmungen mitmachen. Zugegeben, all das ist ein bisschen kompliziert, aber so sind die Regeln.

Manche finden die Regelung mit der Fünf-Prozent-Hürde ungerecht. Sie sagen, dass es nicht in Ordnung ist, wenn die Stimme einiger Leute bei der Wahl einfach verfällt. Und das nur, weil sie nicht die Partei gewählt haben, die die meisten anderen gewählt haben. Diese Kritiker finden auch, dass es die Fünf-Prozent-Hürde neuen und kleinen Parteien viel zu schwer macht, bekannter zu werden und Einfluss auf die Politik im Bundestag zu nehmen. Schließlich dürfen sie ohne Sitz im

Diese Hürde muss die PFF nehmen, um in den Bundestag zu kommen.

Bundestag nicht an politischen Entscheidungen teilnehmen. Und das, sagen die Kritiker, ist nicht fair.

Wie viel sind 5 Prozent?

Wenn von 100 Wählern 5 ihre Stimme einer Partei geben, dann hat diese Partei 5 Prozent der Stimmen bekommen. Sie hat also die Fünf-Prozent-Hürde geschafft und ist in den Bundestag oder Landtag gewählt. 5 Stimmen von 100 sind genau 5 Prozent. Natürlich geben bei einer Wahl mehr als 100 Leute ihre Stimme ab. Mit der Zahl 100 als Beispiel lässt sich 5 Prozent aber einfacher rechnen.

Wie wird die neue Regierung gebildet?

Die Wahl ist vorbei, jetzt geht's an die Verteilung der Sitze im Parlament und an die Bildung einer neuen Regierung. Plötzlich müssen sich Parteien, die sich vorher vielleicht noch schlimm beschimpft haben, zusammenraufen. Und sogar überlegen, ob sie nicht doch Partner sein wollen! Verrückt, oder? Tja ... Die Tage nach einer Wahl sind mindestens so aufregend wie die Wahl selbst!

Der Plenarsaal des Deutschen Bundestages

Bundestagspräsident

Rednerpult

2 Jahre 1 Jahr Wahltag

Wie werden die Sitze im Parlament verteilt?

Auf dem Bild unten seht ihr den großen Plenarsaal. Noch sind alle 598 Plätze leer. Die Hälfte der Sitze ist für die Abgeordneten reserviert, die die Wähler in den Wahlkreisen mit ihrer Erststimme direkt in den Bundestag gewählt haben. Weil es 299 Wahlkreise sind, sind es 299 Plätze.

Die Kandidaten aus unserer Beispielpartei PFF haben in 20 Wahlkreisen die Wähler von sich überzeugt. Diese 20 dürfen also schon einmal Platz nehmen.

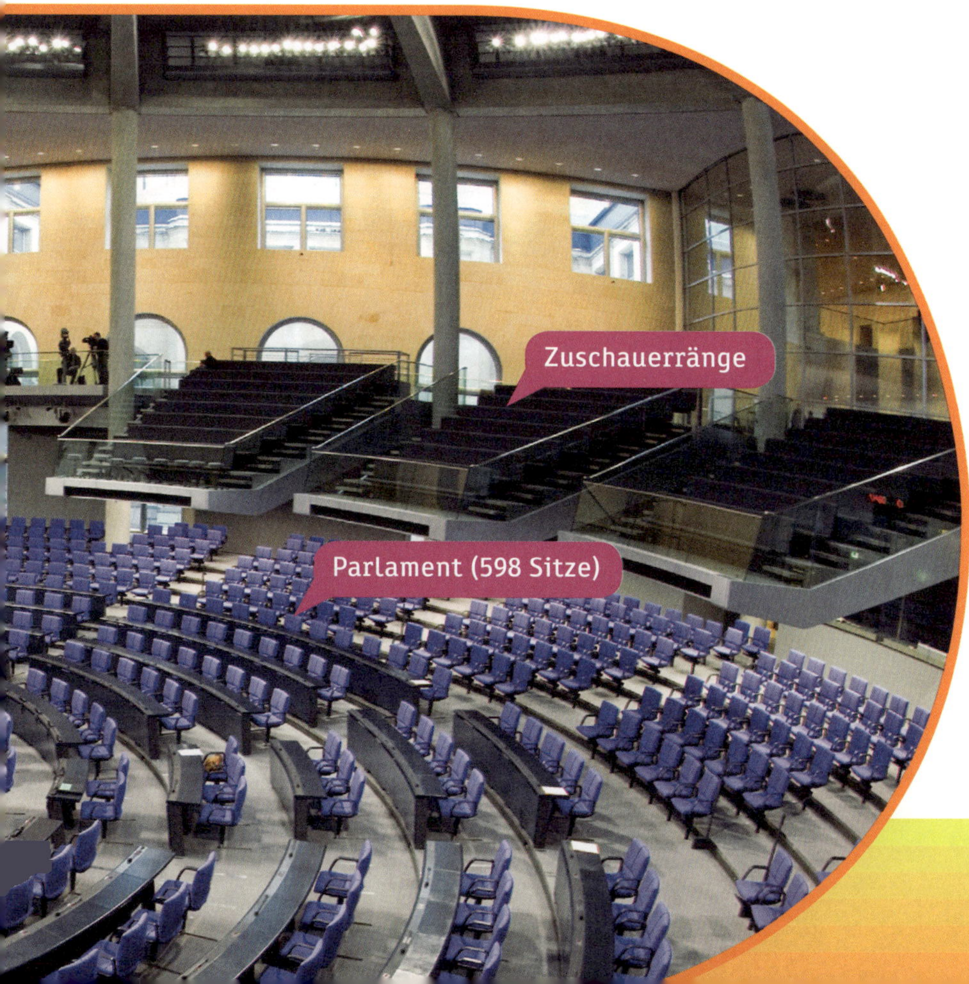
Zuschauerränge
Parlament (598 Sitze)

Erststimme = direkt in den Bundestag gewählt

> Die Farben haben übrigens nichts mit den echten Bundestagsparteien zu tun. Schließlich wissen wir ja nicht, wie die Wahl wirklich ausgeht.

299 von 598 Sitzen

Und auch die anderen Politiker, die einzelne Wahlkreise gewonnen haben, können sich setzen. Die 299 Erststimmenplätze sind jetzt besetzt.

Jetzt kommen die Plätze dran, die sich aus den Zweitstimmen ergeben. Die Parteien, die weniger als fünf Prozent der Zweitstimmen er-

20 Kandidaten von der PFF sind direkt gewählt worden

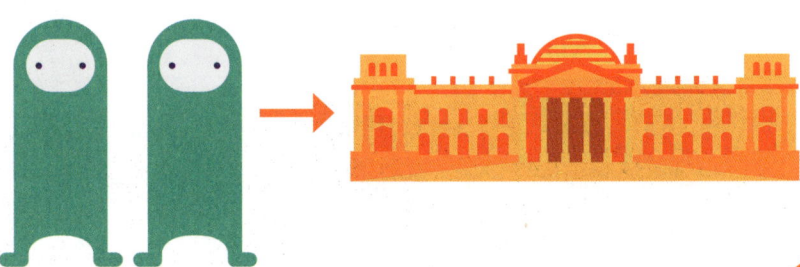

20 von 598 Sitzen

halten haben, werden nicht mehr mitgezählt (warum nicht, das haben wir euch in Kapitel 11 erklärt). Die PFF hat zehn Prozent der Zweitstimmen erhalten. Da es im Parlament 598 Plätze gibt, hätte sie damit Anspruch auf 60 Plätze. Zum Nachrechnen: 10 Prozent von 598 sind genau 59,8. Das wird aufgerundet und macht 60.

Aber: 20 Mitglieder der PFF sitzen ja schon – dank der Erststimmen. 60 minus 20 ergibt 40. Die PFF darf also 40 weitere Sitzplätze mit Leuten aus ihrer Partei füllen. Bei diesen „Listenplätzen" ist auch Herr Kunz mit dabei.

So könnte das jetzt mit den anderen Parteien weitergehen, bis alle Plätze besetzt sind.

Zweitstimme = Listenplätze

Die PFF bekommt 10% der Zweitstimmen, also 60 Plätze. Abgezogen werden die 20 Plätze aus den Erstimmen.

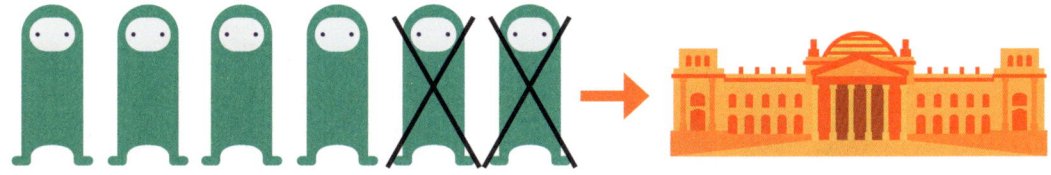

40 von 598 Sitzen

Aber leider wird's an dieser Stelle oft ein bisschen kompliziert. Denn manchmal passiert das, was wir euch am Beispiel der ausgedachten Partei „Die Blauen" erklären …

Viele Wähler haben die „Blauen" zwar nicht mit ihrer Zweitstimme unterstützt, aber in einigen Wahlkreisen haben sie mit ihrer Erststimme einen Abgeordneten der „Blauen" direkt in den Bundestag gewählt. Ganze acht Kandidaten der „Blauen" haben sich dank der Erststimmen Plätze im Bundestag gesichert. Ihrem Anteil der Zweitstimmen nach dürfte die Partei aber eigentlich nur sechs Sitze im Parlament belegen. Müssen die „Blauen" also zwei Abgeordnete wieder nach Hause schicken? Das wäre nicht richtig. Schließlich wollten die Wähler in den verschiedenen Wahlkreisen ja genau diese Politiker als ihre Vertreter im Bundestag haben!

Also werden zwei zusätzliche Stühle in den Plenarsaal geschoben. Diese Regelung nennt man „Überhangmandat". („Mandat" ist ein anderes Wort für den Sitzplatz eines Abgeordneten im Bundestag.)

Überhangmandate = Mehr Erststimmen als Zweitstimmen

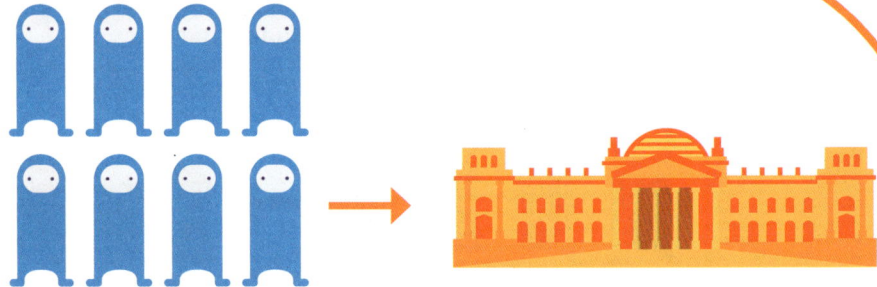

Die Blauen haben dank der Erststimmen 8 Plätze im Bundestag.
Sie dürfen wegen der Zweitstimmen aber eigentlich nur 6 Plätze belegen.

+ 2 Sitze

Zwei Stühle werden extra in den Saal geschoben

Im Jahr 2012 wurde über die Überhangmandate viel gestritten. Das Bundesverfassungsgericht hat sich die Regelung angeschaut und fand: Sie ist ungerecht. Das hat sich vor allem bei der Bundestagswahl 2009 gezeigt. Damals gab es 24 Plätze zusätzlich im Parlament, und alle gingen an die CDU/CSU. Es wollten also viele Wähler mit ihrer Erststimme jemanden von der CDU/CSU aus ihrem Wahlkreis in den Bundestag schicken, während viele ihre Zweitstimme einer anderen Partei gaben. Obwohl die CDU/CSU als Partei also gar nicht so beliebt bei den Wählern war, haben die einzelnen Politiker aus den Wahlkreisen der Partei sehr viel mehr Plätze und damit mehr Macht verschafft. Das Bundesverfassungsgericht hat deshalb entschieden: Die Verteilung der Sitze gibt in so einem Fall nicht den wirklichen Willen des Volkes wieder. Das Wahlergebnis wird verzerrt.

Seit Ende 2012 gilt darum ein neues Gesetz: Alle Überhangmandate sollen ausgeglichen werden. Das heißt, wenn eine Partei mehr Plätze im Parlament braucht, bekommen die anderen Parteien auch ein paar Plätze zusätzlich. Die nennt man „Ausgleichsmandate".

So soll dafür gesorgt werden, dass die Parteien, die keine Überhangmandate gekriegt haben, nicht benachteiligt werden. Schließlich haben die Wähler ja mit ihrer Zweitstimme bestimmt, wie viel Macht eine Partei im Bundestag insgesamt bekommen soll.
Weil jetzt zu den Überhangmandaten auch noch die Ausgleichsmandate kommen, müssen wohl viele neue Stühle für den Plenarsaal des Bundestags gekauft werden. Bis zu 200 Abgeordnete mehr könnten mit der neuen Regelung in den Bundestag einziehen, schätzen Experten!

Darüber, ob die Ausgleichsmandate eine gute Sache sind, streiten die Politiker noch. Auch viele Experten sind unterschiedlicher Meinung. Während die einen die Regelung jetzt eigentlich ganz gerecht finden, sagen die anderen: Mit all den neuen Plätzen wird der Bundestag viel zu groß!

Die Befürworter antworten darauf: Wenn man mal bedenkt, wie viele Menschen in Deutschland leben, ist unser Parlament selbst mit den paar Sitzplätzen mehr im Vergleich zu den meisten anderen europäischen Parlamenten immer noch ziemlich klein.

Und wieder andere sagen: Vor der Bundestagswahl 2017 muss das Wahlrecht auf jeden Fall noch mal geändert werden. Und zwar am besten so, dass Überhangmandate gar nicht erst entstehen. Zum Beispiel könnte dafür die Zahl der Wahlkreise reduziert werden.

Wahrscheinlich aber wird man erst mal schauen, wie sich das neue Gesetz bewährt. Wenn es sich als schlecht herausstellt, muss wohl tatsächlich noch mal nachgebessert werden.

Und dann gibt's noch ein Problem an der neuen Regelung: Selbst die Politiker kapieren sie nicht genau, und auch den Juristen rauchen die Köpfe, wenn sie versuchen, sie zu erklären. Dabei sollte das Thema Wahlen eigentlich so einfach sein, dass auch jeder Wähler es verstehen kann.

Endlich: Alle Sitze sind verteilt – und welche Partei regiert nun?

Man könnte meinen, dass die Partei mit den meisten Sitzen automatisch im Parlament bestimmen darf. Aber das ist so nicht ganz richtig: Eine Partei könnte nur dann allein bestimmen, wenn sie mehr als die Hälfte aller Plätze im Bundestag hätte. Das ist bisher aber nur ein einziges Mal vorgekommen: Die CDU/CSU hat das im Jahr 1957 geschafft.

Meist müssen sich zwei oder mehr Parteien zusammentun, um gemeinsam mehr als die Hälfte der Plätze im Bundestag zu erreichen. Wenn sie das schaffen, dürfen sie gemeinsam regieren. Dieses Sich-Zusammentun nennt man „eine Koalition bilden".

Obwohl also vorher jede Partei für sich allein Wahlkampf gemacht und vielleicht sogar gegen manche der anderen Parteien gestänkert hat, müssen nach der Wahl meist mehrere Parteien zusammen ein

Koalition kann auch Spaß machen: Phillip Rösler von der FDP und Angela Merkel von der CDU.

Team bilden, um regieren zu können. Die Parteien haben sich natürlich schon vor der Wahl überlegt, mit welcher anderen Partei sie die größten Gemeinsamkeiten haben und das beste Team abgeben würden. Es würde schließlich gar nichts bringen, wenn etwa eine Partei, die erneuerbare Energien fördern will, eine Koalition mit einer Partei bilden würde, die am liebsten neue Atomkraftwerke bauen möchte.

Manchmal ist es gar nicht so leicht, den richtigen Koalitionspartner zu finden.

Oft sagen die Parteien sogar schon im Wahlkampf: „Mit der Partei X wollen wir nicht regieren" oder „Wir wollen am liebsten mit der Partei Y eine Koalition bilden". So können sich auch die Wähler schon mal darauf einstellen, was die Politiker für die Zeit nach der Wahl planen. Manchmal allerdings geht der Plan nicht auf. Zum Beispiel, wenn zwei Parteien, die ein Team bilden wollen, auch gemeinsam nicht genügend Plätze im Bundestag erreichen. Dann müssen die Parteien erst mal rechnen: Mit wem müssten wir uns zusammentun, um gemeinsam eine Mehrheit zu erreichen? Wollen wir uns zu unserem Wunschpartner eine dritte Partei dazuholen? Oder versuchen wir, mit einer ganz anderen Partei eine Koalition zu bilden? Anschließend müssen sie überlegen: Können wir uns wirklich vorstellen, mit dieser Partei gemeinsam zu regieren? Oder würden wir uns immer nur streiten?

Wenn sich die beiden größten Parteien zu einer Koalition zusammenschließen, nennt man das eine „Große Koalition". Weil die beiden größten Parteien aber meist auch die größten Konkurrenten sind, kommt das eher selten vor. Meist besteht eine Koalition also aus einer großen Partei, die viele Plätze im Bundestag hat, und einer kleinen Partei, die weniger Plätze hat.

Wenn sich zwei oder mehr Parteien grundsätzlich vorstellen können, gemeinsam eine Koalition zu bilden, treffen sie sich zu „Koalitionsgesprächen". Da besprechen sie, welche Ziele ihren Parteien besonders wichtig sind, und ob sie diese Ziele zusammen erreichen können.

Das ist manchmal gar nicht so leicht. Die einen möchten zum Beispiel neue Straßen bauen und mehr für den Umweltschutz tun. Die anderen wollen sich lieber für Schulen und Kindergärten einsetzen. Aber alle Ziele auf einmal können die Parteien nicht umsetzen. Deshalb müssen sie diskutieren, welche Ziele ihnen gemeinsam am wichtigsten sind. Das nennt man „Koalitionsverhandlungen". Dabei können sich die Parteien nicht ewig Zeit lassen: Im Grundgesetz steht nämlich, dass die neue Regierung nach spätestens 30 Tagen feststehen muss. Wenn sich die Koalitionspartner geeinigt haben, schreiben sie die gemeinsamen Ergebnisse in einen „Koalitionsvertrag". Mit diesem Vertrag einigen sie sich darauf, eine gemeinsame Regierung zu sein.

Der Vorteil bei einer Koalition ist: Weil mehrere unterschiedliche Parteien gemeinsam regieren, sind auch mehr unterschiedliche Meinungen unter den Bestimmern. Allerdings wird dadurch auch einiges verlangsamt, weil über alles länger diskutiert werden muss. Und den einzelnen Parteien fällt es schwerer, ihre Wahlversprechen zu halten, weil sie mehr Kompromisse eingehen müssen.

Franzi, 12: Was ist eine Ampelkoalition?

Das ist eine Koalition aus SPD, FDP und den Grünen. Weil ihre Parteifarben Rot, Gelb und Grün sind, sieht das wie eine Ampel aus. Eine Jamaika-Koalition besteht übrigens aus den Farben Grün, Gelb und Schwarz – wie die Flagge des Landes Jamaika. Wisst ihr, welche Parteien sich dafür zusammentun müssen? (Kleiner Tipp: Schaut doch mal in Kapitel 2 nach!)

Bundespräsident Joachim Gauck ernennt Johanna Wanka zur Bildungsministerin.

Was fehlt noch für die neue Regierung?

Na klar: die Regierung selbst! Also der Bundeskanzler und seine Minister. Was genau die Aufgaben des Kanzlers und seiner Minister sind, haben wir euch ja bereits in Kapitel 4 erklärt. Doch wie genau wird der Kanzler gewählt?

Erst einmal schlägt der Bundespräsident einen geeigneten Kandidaten vor. Theoretisch könnte er irgendeinen Politiker vorschlagen, den er besonders nett findet. Das wäre sein Recht. Aber normalerweise schlägt er immer den Kanzlerkandidaten aus der Koalition vor – egal, ob er ihn nun besonders mag oder nicht.

Noch nie hat ein Bundespräsident das anders gemacht. Aus gutem Grund, denn anschließend müssen die Mitglieder des Bundestags über den Vorschlag des Präsidenten abstimmen. Und nur, wenn mehr als die Hälfte der Bundestagsmitglieder für die vorgeschlagene Person stimmt, ist der Kanzler gewählt.

Da die Mitglieder aus der Koalition gemeinsam immer mehr als die Hälfte sind, stehen also die Chancen am besten, wenn der Präsident gleich ihren Kanzlerkandidaten vorschlägt. Deswegen ist es auch nicht besonders verwunderlich, dass der Vorschlag des Bundespräsidenten bisher noch nie abgelehnt wurde.

Sollte trotz allem einmal der Bundeskanzler nicht gleich im ersten Wahlgang gewählt werden, können die Mitglieder des Bundestags innerhalb von 14 Tagen einen eigenen Bundeskanzler wählen. Diesmal aber ohne Vorschlag des Bundespräsidenten. Denn der hatte ja schon die Chance, jemanden vorzuschlagen.

Wenn die Mehrheit des Bundestags für den Kanzlerkandidaten gestimmt hat, muss er innerhalb von sieben Tagen offiziell zum Kanzler ernannt werden. Das ist wieder die Aufgabe des Bundespräsidenten: Er überreicht dem neuen Kanzler die Ernennungsurkunde. Im Bundestag muss der Kanzler vor den Abgeordneten noch einen Eid schwören:

> „Ich schwöre, dass ich meine Kraft dem Wohle des deutschen Volkes widmen, seinen Nutzen mehren, Schaden von ihm wenden, das Grundgesetz und die Gesetze des Bundes wahren und verteidigen, meine Pflichten gewissenhaft erfüllen und Gerechtigkeit gegen jedermann üben werde. So wahr mir Gott helfe."

Er kann den letzten Satz, also den religiösen Teil, auch weglassen. Das hat bisher aber nur ein Kanzler (nämlich Gerhard Schröder) gemacht.

Der Kanzler ernennt anschließend seine Minister, die wieder vom Bundespräsidenten ihre Ernennungsurkunde erhalten und ebenfalls den Eid schwören müssen. Wenn all das geschafft ist, hat Deutschland endlich seine nagelneue Regierung!

Was tun die Parteien, die nicht regieren?

Die Parteien, die nicht zur Regierung gehören, aber trotzdem im Parlament sitzen, nennt man „Opposition". Das Wort Opposition bedeutet

Vor den Bundestagswahlen 2013 in der Opposition:
Peer Steinbrück von der SPD

Widerstand oder „im Widerspruch zur Mehrheit". In der Politik bedeutet es, eine andere Meinung als die Regierung zu haben.

Die Opposition hat eine sehr wichtige, sehr demokratische Aufgabe: Sie soll die Regierung kontrollieren und sicherstellen, dass sie sich an die Gesetze hält. Es ist ihr Recht und ihre Pflicht, die Regierung zu kritisieren und Gegenvorschläge zu den Ideen der Regierung zu machen. Dadurch hilft sie indirekt auch der Regierung, denn die muss sich die Gegenvorschläge durch den Kopf gehen lassen und dadurch auch noch mal genau ihre eigene Meinung überdenken.

Dank der Opposition sind mehr verschiedene Meinungen im Bundestag vertreten, und es werden mehr unterschiedliche Ideen auf den Tisch gebracht.

Außerdem versuchen die Parteien in der Opposition natürlich – genau wie die Regierungsparteien – die Interessen der Menschen, von denen sie gewählt wurden, zu vertreten. Oppositionsparteien sind schließlich nicht automatisch immer in der Opposition, sondern könnten bei der nächsten Wahl schon zur Regierung gehören. Dafür lohnt es sich, immer ganz genau auf die Wünsche der Wähler zu hören.

Endlich geschafft: Die neue Regierung ist gebildet, und der neue Chef von Deutschland (der Bundeskanzler oder die Bundeskanzlerin) ist gewählt. Ein ganz schöner Batzen Arbeit liegt hinter all den Politikern, Parteimitgliedern, Wählern, Wahlforschungsinstituten, Journalisten – einfach allen, die ihr im Laufe dieses Buches kennengelernt habt. Aber verschnaufen? Nee, das ist nicht drin! Die richtige Arbeit fängt nämlich gleich wieder von vorne an: Die Politiker müssen Gesetze machen und immer wieder neu entscheiden, was das Beste für Deutschland ist. Die Journalisten müssen darüber schreiben und die Politiker kontrollieren. Die Wähler müssen informiert bleiben, um zu wissen, ob die Politiker ihre Arbeit als Volksvertreter auch gut machen …

Aber was erzählen wir euch: Nachdem ihr unsere logo!-Beispielpolitiker Herrn Hinz und Frau Kunz bei ihrem Wahlkampf begleitet habt, wisst ihr ja jetzt bestens Bescheid, wie das mit der Politik in Deutschland funktioniert. Und wie man Chef oder Chefin von Deutschland werden kann. Und wenn ihr das eine oder andere vergessen habt? Dann blättert ihr einfach zurück und lest noch mal nach –

na **logo!**